現存世界上最**大**的宮殿群

象徵中天帝王所在的**紫**微星垣

嚴**禁**平民百姓進入

抵得上一個中小縣**城**

王者的軸線

紫禁城東西長七百五十三米，南北長九百六十一米，呈長方形。
惟它無論在任何一個制高點（午門或景山）上俯瞰，
看到的都是堂堂方正的宮城

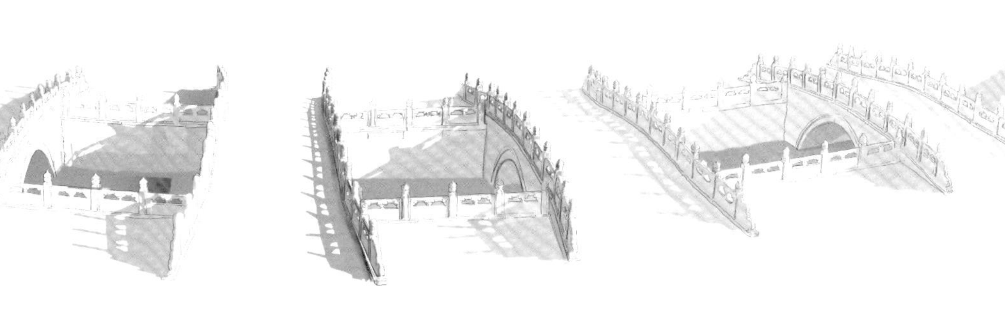

本書所涉及的宮殿名稱均以清代為準（明代及個別情況將以括號標記）

三聯書店（香港）有限公司

書名　大紫禁城——王者的軸線
作者　趙廣超
責任編輯　李安
設計　趙廣超、馬健聰
製作　曾學誠、郭淑玲
出版　三聯書店（香港）有限公司
香港北角英皇道499號北角工業大廈20樓
JOINT PUBLISHING (H.K.) CO., LTD.
20/F., North Point Industrial Building,
499 King's Road, North Point, Hong Kong
香港發行　香港聯合書刊物流有限公司
香港新界大埔汀麗路36號3字樓
印刷　中華商務彩色印刷有限公司
香港新界大埔汀麗路36號14字樓
版次　2005年9月香港第一版第一次印刷
2020年9月香港第一版第十次印刷
規格　特6開（292×280mm）100面
國際書號　ISBN 978-962-04-2359-8

昔日，它是皇家宮殿紫禁城，刁斗森嚴。

紫禁城內的主殿雖然只得三十多米高，卻一度是古代北京城最高的建築物。京城唯一的山，是專為皇城堆起來的私家靠背，殿前丹陛連廣場三萬六千平方米，一年難得幾次萬人會集，都是外國使節、軍政菁英和特權階級。

自1420年正月宮殿落成之後的五百年中，這裡前後只住過兩個單姓家族的世襲嫡傳成年男性（皇帝）。最高峰時期（明代），宮中奴僕（內廷宦官）超過十萬，侍女九千。是古代世界最大的權力中心，也是最大的規範（禮）和禁約（法）所在。

序

紫禁城高逦晓日，太和殿广沐朝阳。

北京紫禁城故宮不僅是中國，也是目前世界上保存完整、規模最大的帝皇宮殿建築群。它位於北京這一著名世界古都7.8公里的中軸線中心顯要的地位，具有高度的歷史、藝術、科學價值。因而早已被列入第一批全國重點文物保護單位和中國第一批世界文化遺產的名錄。

關於研究和介紹故宮的大塊文章，宏篇巨著已有不少，各擅所長，各抒所見。然而，像《大紫禁城——王者的軸線》這本從歷史文化和建築的軸線，用建築圖解的語言，以圖敘說，圖文並茂的方式來解讀紫禁城故宮的歷史文化與建築藝術的專書，尚付闕如。可稱得上是別開生面的創作。

以圖畫形象的筆法來研究和敘說建築，是一種非常重要的方式，我十分喜歡和讚賞。

記得六十五年前我剛一考入中國營造學社的時候，就是讀梁思成、林徽因恩師的圖說《清式營造則例》進行學習的。思成先生在那時編寫的《圖解中國建築史》(*A Pictorial History of Chinese Architecture*)，受到了專家學者和廣大讀者的歡迎。

趙廣超先生在他已出版獨具特色的《不只中國木建築》、《筆記清明上河圖》等書之後，又完成了《大紫禁城——王者的軸線》一書的力作，不僅為紫禁城故宮的研究與宣傳介紹作出了獨到的貢獻，而且也為其他古建築文物的研究與介紹提供了參考與借鑒。拜覽之餘，不勝欣喜。於是寫了幾句冗辭，權以充序，請教讀者方家高明並借以為此書出版之祝賀。

羅哲文

國家文物局古建築專家組組長、教授級高級工程師

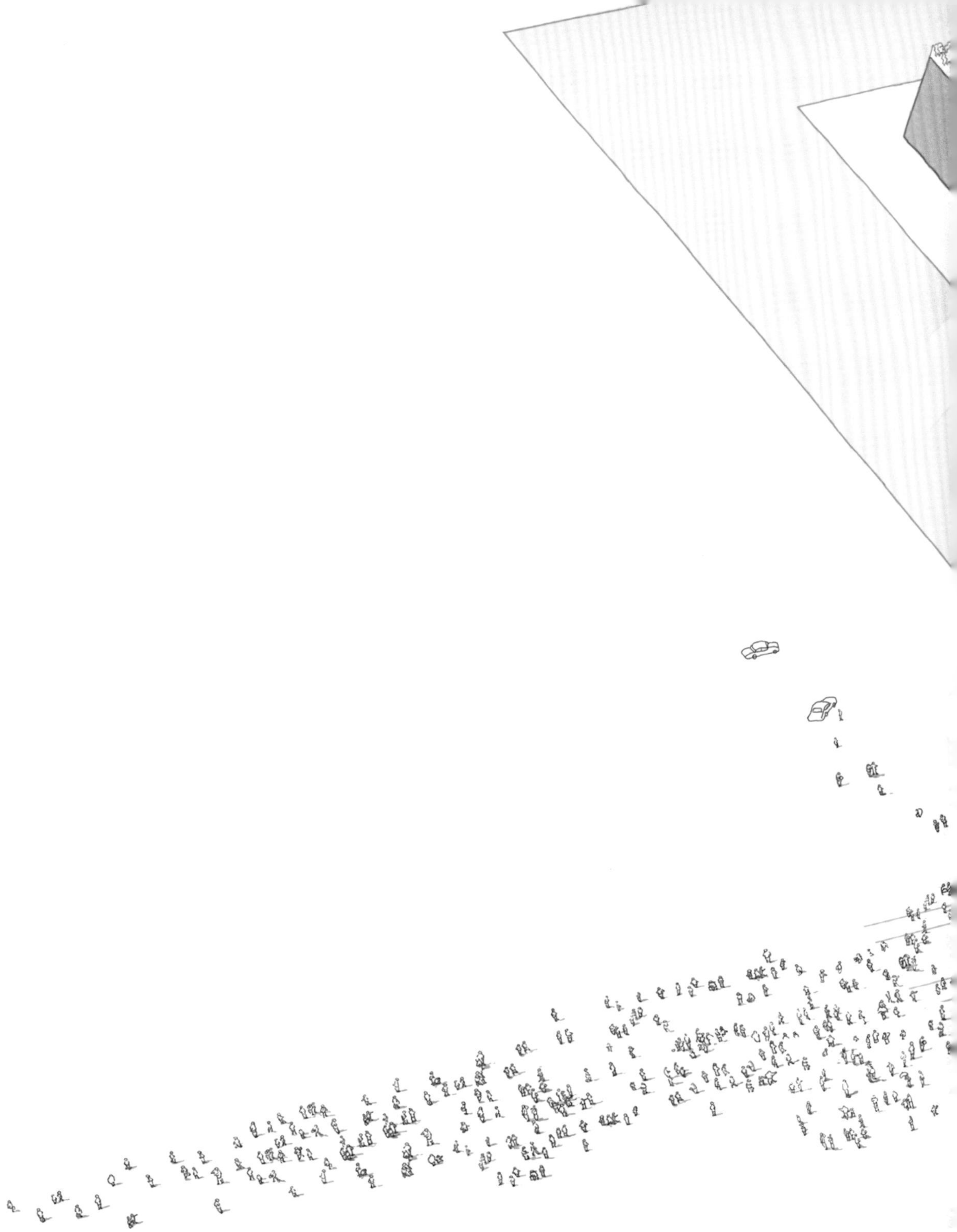

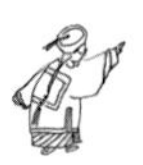

今天，它是個本身就是最重要的展品的博物院，歡迎參觀。

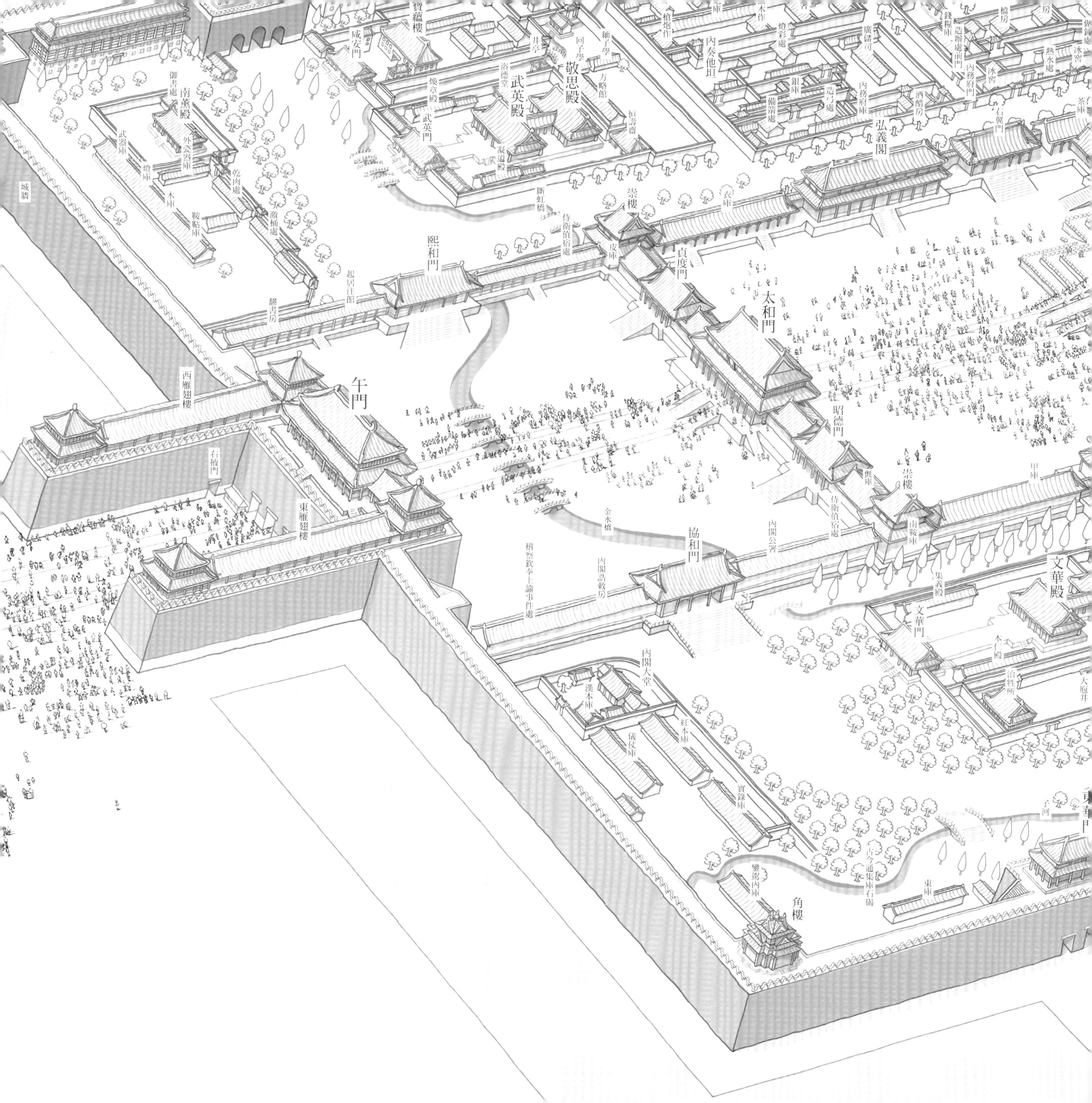

寶蘊樓
咸安門
井亭
回子學
緬子學
敬思殿
武英殿
浴德堂
方略館
煥章殿
恒壽齋
武英門
凝道殿
斷虹橋
南薰殿
御書處
武器庫
外瓷器庫
燈庫
乾肉處
木庫
鞍韂庫
激桶處
城牆
熙和門
侍衛值宿處
崇樓
衣庫
皮庫
貞度門
太和門
弘義閣
右翼門
起居注館
翻書房
西雁翅樓
午門
右掖門
東雁翅樓
昭德門
氈庫
崇樓
甲庫
侍衛值宿處
南鞍庫
內閣公署
協和門
金水橋
稽察欽奉上諭事件處
內閣誥敕房
文華殿
集義殿
文華門
本仁殿
治牲所
大庖井
內閣大堂
漢本庫
紅本庫
儀仗庫
實錄庫
鑾駕內庫
古今通集庫石碣
東庫
角樓
槍砲作
內奏他坦
燈彩處
廣儲司
銀庫
造弓處
備箭處
內務府庫
酒醋房
錢糧庫
造辦處前門
內務府門
冰窖
熱水處
茶庫
檔房

明代皇帝年表

朱元璋 —— 明太祖，洪武皇帝，在位31年（1368－1398）

朱　標

朱允炆 —— 明惠帝，建文皇帝，在位4年（1399－1402）

朱　棣 —— 明成祖，永樂皇帝，在位22年（1403－1424）

朱高熾 —— 明仁宗，洪熙皇帝，在位8個月（1425）

朱瞻基 —— 明宣宗，宣德皇帝，在位10年（1426－1435）

朱祁鎮 —— 明英宗，正統皇帝，在位14年（1436－1449）

朱祁鈺 —— 明代宗，景泰皇帝，在位7年（1450－1456）

朱祁鎮 —— 明英宗，天順皇帝，在位8年（1457－1464）

朱祁鎮在親征蒙古時被俘，八年之後復辟，做了兩任皇帝。

朱見深 —— 明憲宗，成化皇帝，在位23年（1465－1487）

朱祐樘 —— 明孝宗，弘治皇帝，在位18年（1488－1505）

朱厚照 —— 明武宗，正德皇帝，在位16年（1506－1521）

朱厚熜 —— 明世宗，嘉靖皇帝，在位45年（1522－1566）

朱載垕 —— 明穆宗，隆慶皇帝，在位6年（1567－1572）

朱翊鈞 —— 明神宗，萬曆皇帝，在位48年（1573－1620）

朱常洛 —— 明光宗，泰昌皇帝，在位1個月（1620）

朱由校 —— 明熹宗，天啟皇帝，在位7年（1621－1627）

朱由檢 —— 明思宗，崇禎皇帝，在位17年（1628－1644）

17個皇帝，總共276年。

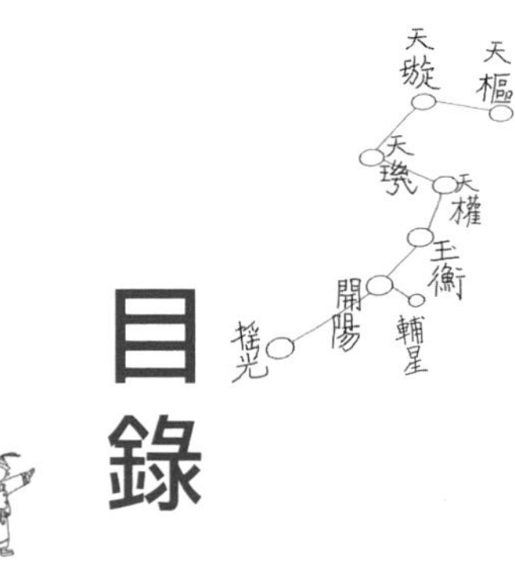

目錄

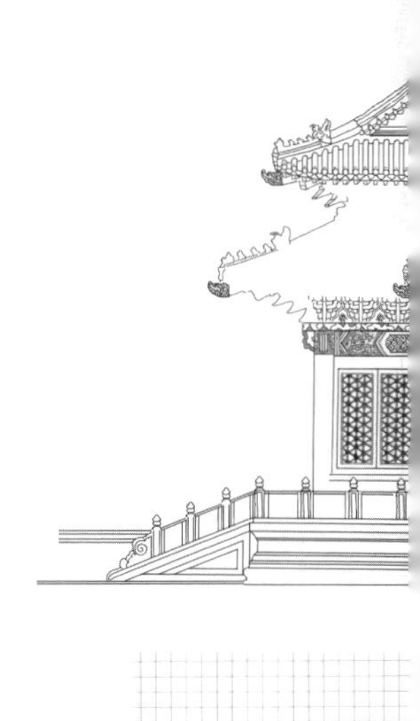

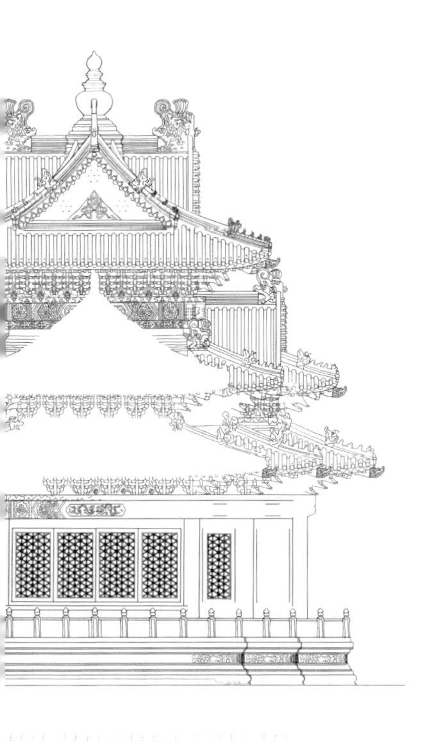

清代皇帝年表

努爾哈赤 —— 清太祖，天命汗，在位11年（1616－1626）

皇太極 —— 清太宗，天聰汗，在位9年（1627－1635）

—— 清太宗，崇德皇帝，在位8年（1636－1643）

福　臨 —— 清世祖，順治皇帝，在位18年（1644－1661）

玄　燁 —— 清聖祖，康熙皇帝，在位61年（1662－1722）

胤　禛 —— 清世宗，雍正皇帝，在位13年（1723－1735）

弘　曆 —— 清高宗，乾隆皇帝，在位60年（1736－1795）

顒　琰 —— 清仁宗，嘉慶皇帝，在位25年（1796－1820）

旻　寧 —— 清宣宗，道光皇帝，在位30年（1821－1850）

奕　詝 —— 清文宗，咸豐皇帝，在位11年（1851－1861）

載　淳 —— 清穆宗，同治皇帝，在位13年（1862－1874）

載　湉 —— 清德宗，光緒皇帝，在位34年（1875－1908）

溥　儀 —— 宣統皇帝，在位3年（1909－1911）

12個皇帝，總共295年（以入關計算則是267年）。順治皇帝以下10個皇帝都居住在紫禁城。

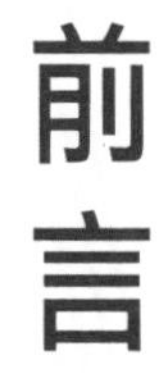

前言

最大的宮殿·最長的記憶

以前，宮殿不容許平民進入，連記憶也是屬於皇帝的。
現在，大家以為已經褪色的歷史，在這裡卻還是那麼清晰。

明代第一個皇帝朱元璋（1368-1398年在位）曾經嘗試在家鄉安徽鳳陽建都（中都），他下令全國各縣城進貢良土百斤以資建設之用。鳳陽中都工程後來擱置（明代的第一個首都結果坐落在南京），朱元璋圓不了衣錦還鄉的夢，否則皇上住在由天下「良土」匯集的宮殿裡，用不著離開家鄉半步，也可以隨時一步一縣地巡行在全國土地上。

起造宮殿是開國的頭等大事。大，並不僅止於它的面積，更在於它的空間意象和所附載的歷史記憶。中國是現存連綿歷史最長的國家，相對封建王朝的歷史亦最漫長，歷代帝王以家為國，權傾天下的意識也特別濃郁。

將空間和權力結合的概念早在周代（公元前七世紀開始）已經成熟，徹底行動則是秦代（前221－前207）。

秦始皇在統一六國之後即將各國的皇宮拆卸，運到首都咸陽，同時又敕令全國十二萬富戶搬到首都，將人與宮殿一起原件重組。再收天下金屬鑄成十二個巨大的銅人，然後用統一的文字在中國歷史上寫下第一個由政治、軍事、經濟與工程揉合成的實體。

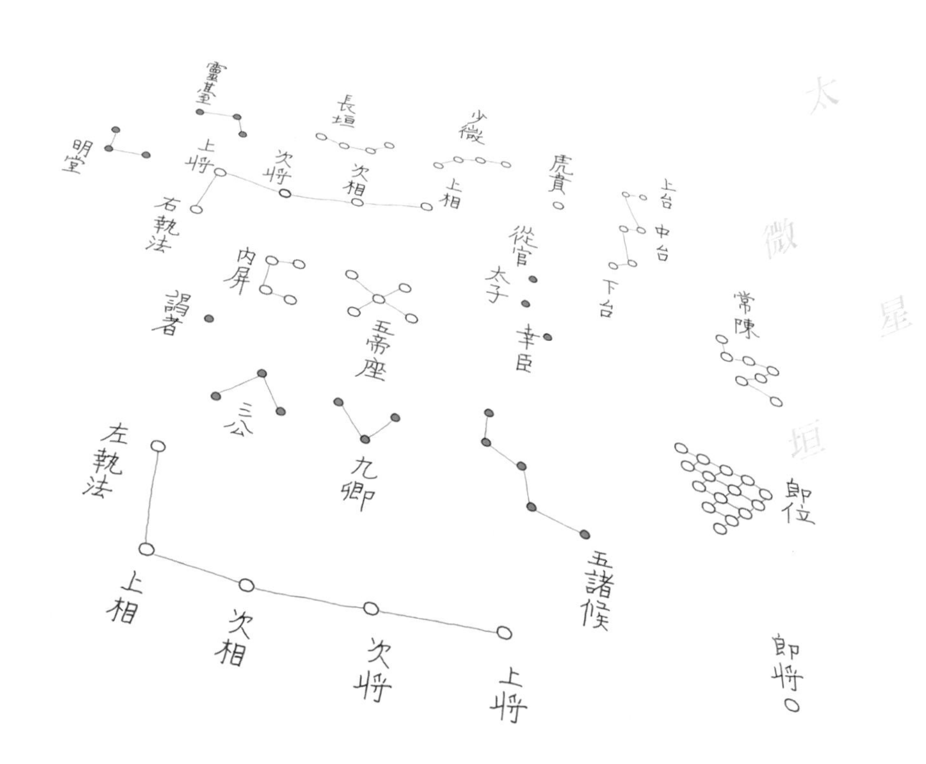

強秦的硬度只維持了兩代，今天已沒有人知道，殘存的秦代宮城前殿阿房遺址（約五十萬平方米），直通七十五公里以外的驪山閣道（架空長廊），在秦始皇的構思底下會是怎樣的一個超現實的景觀。一切就好像今天西安出土的那些剛勇的秦俑，以驚人的速度從黃土中蹦跳而出，燒煉成形，並立即又以同樣的速度從地上的皇宮向地下的皇宮進發。

歷史只提供了短短的時間給秦代建立一個「量化」的平台，卻給予隨後的漢代（公元前206－公元220）足夠的空間，從「質」方面著手建立一個超然的「大統一」文化秩序。

傳統儒家思想學說由這個時期開始，被奉為道德規範（禮）和行為約束（法）的最高依據，影響了日後整個封建時期的中國文化發展。漢代因而成為中國古代第一個強大、穩定而持久的朝代，同時也達到了中國建築史上第一個高峰。

漢代蕭何誘導漢高祖大手筆建造未央宮時說：「……且夫天子以四海為家，非壯麗無以重威。」漢高祖馬上同意，代代皇帝都同意。

從此，歷史中每一個新興王朝在皇家建設上，都會沿用儒家學說的秩序作規劃，以儒家的經典《周禮》中的宮殿制度作基圖，以顯示本身政權在神聖法統上「受命於天」的不容置疑的事實。

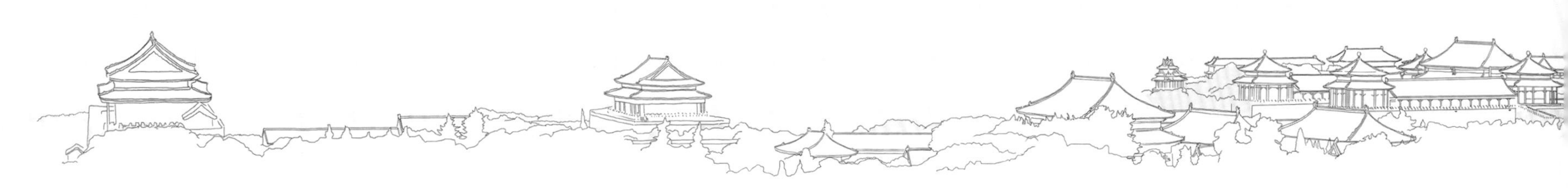

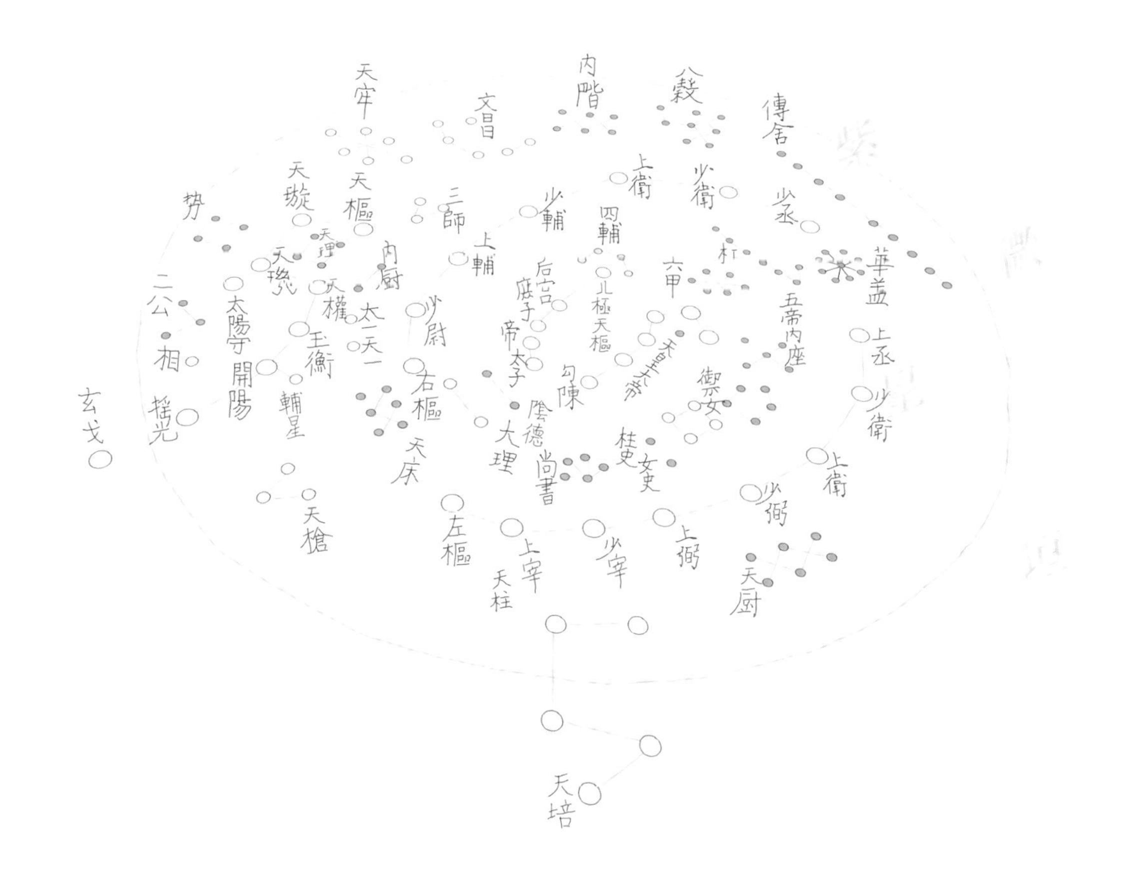

像最長的接力賽，中國每一代的皇家宮殿建築一方面與民間同樣依據著中軸對稱、院落重門的基本理念；另一方面又特別著意唯有帝王才堪稱「以家為國，以國為家」的大局本色，從而發展出一套同時可資應付現實生活需要，又可將整個傳統文化思想（從理念到行為）納入的龐大空間，作為權力至高無上的展示和倫理秩序的最高示範。在人類的建築史上，說唯有中國才會出現「宮殿之學」一點也不為過。明清兩代算是這套「宮殿之學」的最後一章了。

走進這座宮殿之城，幾乎相當於走進整個中國歷史的文化空間裡。天安門前御道（今天世界上最大的廣場）的氣魄，也是北魏洛陽、唐代長安、北宋開封的氣魄。青天黃瓦紅牆的殿宇，始於元代的皇家型制；腳踏的「物理」藍圖，事實上也是元明清三代，甚至秦漢隋唐五代宋所疊起來的藍圖痕跡，自然更少不得最初周代《考工記》的遙遠記憶。在嚴禁不得擅自舉炊的內廷坤寧宮後居然豎起煙鹵，甚至不以「曲突」（煙鹵需彎曲而上）的常式來處裡，則是滿清的關外傳統和記憶了！

日本建築學者安藤忠雄認為中國宮殿的空間大得令人感到「茫然」。不錯，這座面積大到足以抵得上一個中小型縣城的紫禁城，就是要壯大絢麗到甚至比安藤教授所體驗到的還要令人失措。在明清兩代，這種「失措」理應早在幾公里以外（永定門）便開始了，且在幾公里以後（鐘鼓樓）還在「茫然」呢。

這麼龐大的宮殿建築群，從籌建到落成只需短短的十四年（1406-1420），當中前期工程策劃花了十年，正式施工只有四年，速度之快，前所未有；但另一方面，竟又需要一百三十天才完成一塊墁鋪主要宮殿裡的地磚，速度之慢，也是前所未有的。明代正處於古代中國建造技術的最高峰，工程速度的最快和最慢都是這個高峰的反映。

在大歷史面前，任憑如何翔實地記錄也許都只能夠是零碎的記憶，這一根大木柱好像在告訴我們，它是來自四川與當年秦代同一個山區，那一根大木柱好像還在唱著大運河縴夫的哨聲，屋頂的瓦片說它們原來的土坑已變成今天陶然公園內的湖，河道說它挖出來的泥土已成了宮殿後面的小山。

今天走進紫禁城，常聽到旅客以「未能盡窺全城」，引以為憾的聲音。可從古至今，恐怕也沒有甚麼人可以走畢全城。那個時代，內臣不得擅自外出，外臣不得無故亂闖。尊卑分明、男女有別的秩序，正是今天我們還掛在嘴邊，又不怎樣著意的「禮」。

這座依據著最隆重、最嚴謹的秩序所築成的宮殿之城，正正是中國古代最後一個封建王朝，用木石磚瓦給我們行的最後一個大禮，洋洋七十二萬三千六百三十三平方米，一直留在那裡，由一條唯王者才有資格擁有的軸線貫穿，從輝煌的過去，直畢畢地畫到現在和未來。

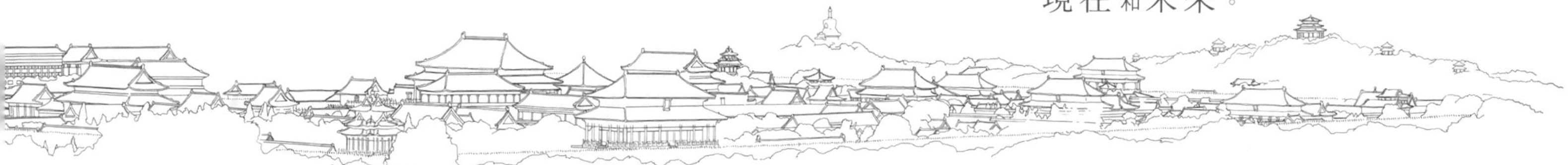

趙廣超 二〇〇三年七月

背景

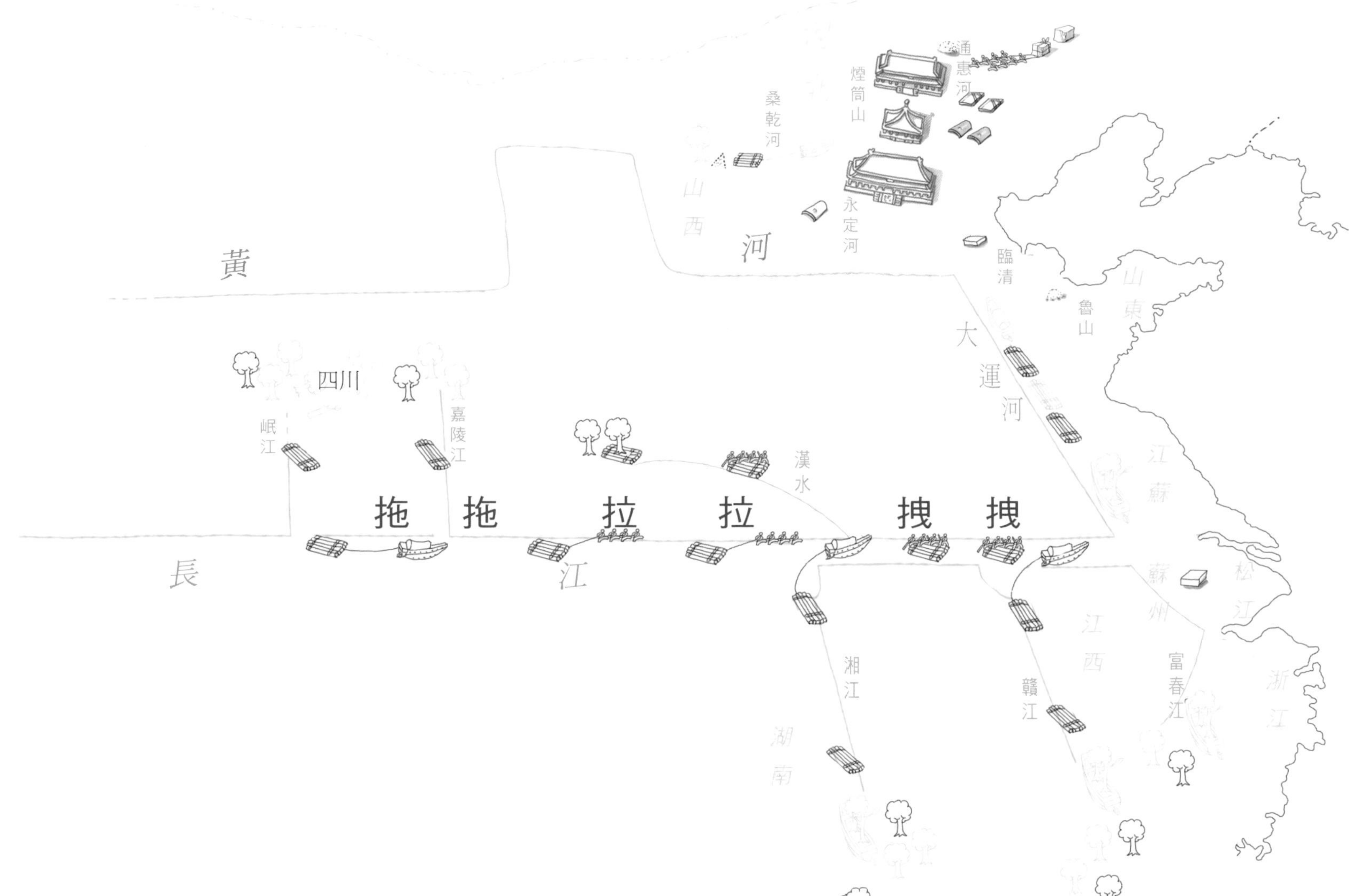

- 北京作為首都始於金代貞元元年至貞祐二年（1153－1214），當時的宮殿位於現北京城西南附近，名為中都大興府。

- 明滅元後定都南京，改元代大都為北平，朱元璋封第四個兒子朱棣於此為燕王。後朱棣政變，從建文帝（朱棣的侄兒）手上奪取政權，當上明朝第三個皇帝，是為明成祖。他把北平改為北京，並遷都回自己的根據地，又將原來元代宮殿的中軸線東移約一百五十米。除了要把西苑（太液池）劃開以求宮城規模更為完整外，據說也基於兩朝主軸重疊不吉利，於是就逕將元皇城中軸鎮於西面白虎方位，務使元朝王氣不得超生。

- 同樣道理，將護城河挖掘出超過百萬立方米的泥土在宮殿後堆起的一座小山，亦被比附為具有震懾功能。

- 紫禁城籌建於永樂四年（1406）六月，建成於永樂十八年十一月初四（1420年12月8日）。期間花了足足十年策劃前期工程，並在短短四年間完成。

- 滿清在1644年入關，成為紫禁城最後一代的主人。清朝廷並沒有像歷代新政權那樣將舊宮拆掉重建，因此縱使一直不斷修葺加建，紫禁城至今基本上依然保持著明代的大體規模。

- 1911年，辛亥革命推翻滿清政權，1924年11月5日清朝最後一個皇帝愛新覺羅·溥儀遷出清宮。在此之前的五百年裡，曾經有二十四個皇帝居住於此，明代十四個，清代十個。

材料

• 明初宮殿木材主要來自浙江、江西和四川等山林木場，運輸十分艱難。例如木材在四川山中經砍伐後，先紮成浮筏，然後推入山溝，待雨季山洪沖入江河，順綷逆拉地運抵京師，歷時往往長達三、四年。清初，一則用兵西南（討吳三桂），二則四川上好楠木幾已耗盡，故開始由東北輸入松木。

• 宮殿牆身所用紅土子來自山東
• 殿內粉刷牆壁的包金土來自河北宣化
• 山東臨清製造細泥澄漿磚
• 用來墁鋪宮殿的最高級地磚來自蘇州松江等地
• 耗磚總數超過一億，當中包括用了二千多萬塊地磚來鋪設庭院，八千多萬塊城磚來建造城牆、宮牆和台階。
• 石材來自京西房山縣，琉璃則在京城就近製造（現琉璃廠）。
• 瓦窯規定設於東南以免西北風造成污染
• 以重達萬斤的巨石二萬多塊將宮殿前的御路按軸線一直伸延至天安門
• 來自全國不同地區的建築人才，共十萬工匠，百萬役夫。

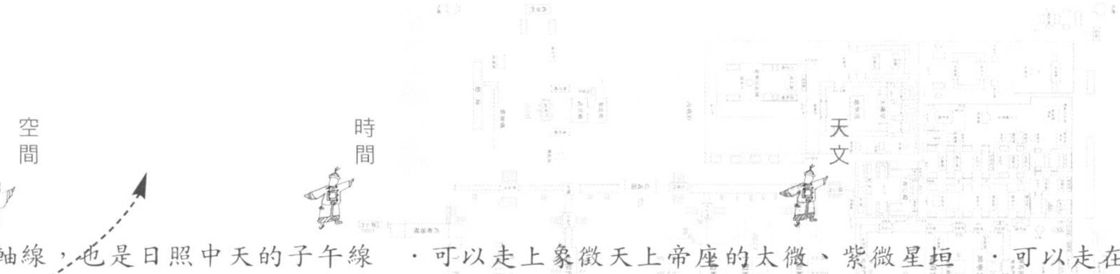

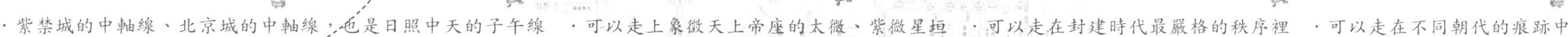

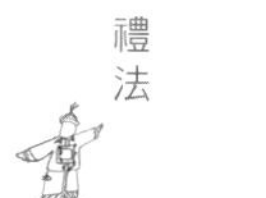

• 紫禁城東西寬753米，南北長961米，佔地面積為723,633平方米。

• 城牆高7.9米（下寬8.62米，上寬6.66米，可以四馬並馳）。城牆外20米處有52米寬的護城河。

• 現存殿宇980座，總共8,707間（四根支承屋頂的柱子中的空間為間）。（1973年測量數據）

• 東南西北四個方向各設大門，分別是：
東華門（東面）
午門（南面正門）
西華門（西面）
神武門（北面後門）
（明代時稱玄武門，後因犯了清朝第二個皇帝的名諱——玄燁，而改為神武門）

• 三大殿台階前後有兩塊雕著海山雲龍的御路石（太和殿前的御路石由三塊石頭按紋飾拼合而成，保和殿後的保持完整），保和殿後的長16.57米，厚3.07米，重約250噸（原材至少重300噸），動用20,000多人，花了28天從附近的房山拽到北京城。

神聖的軸線

中國的「風水」理論認為，筆直的空間比甚麼都可怕，無論是「風」是「水」，一旦陷於僵直，均會像匕首一樣將空間與環境所凝聚的內涵「洞穿」。直線越長，殺傷力就越大。中國的園林以曲折為美的先訣，畫家也認為，直線會令筆墨的韻味喪失殆盡。

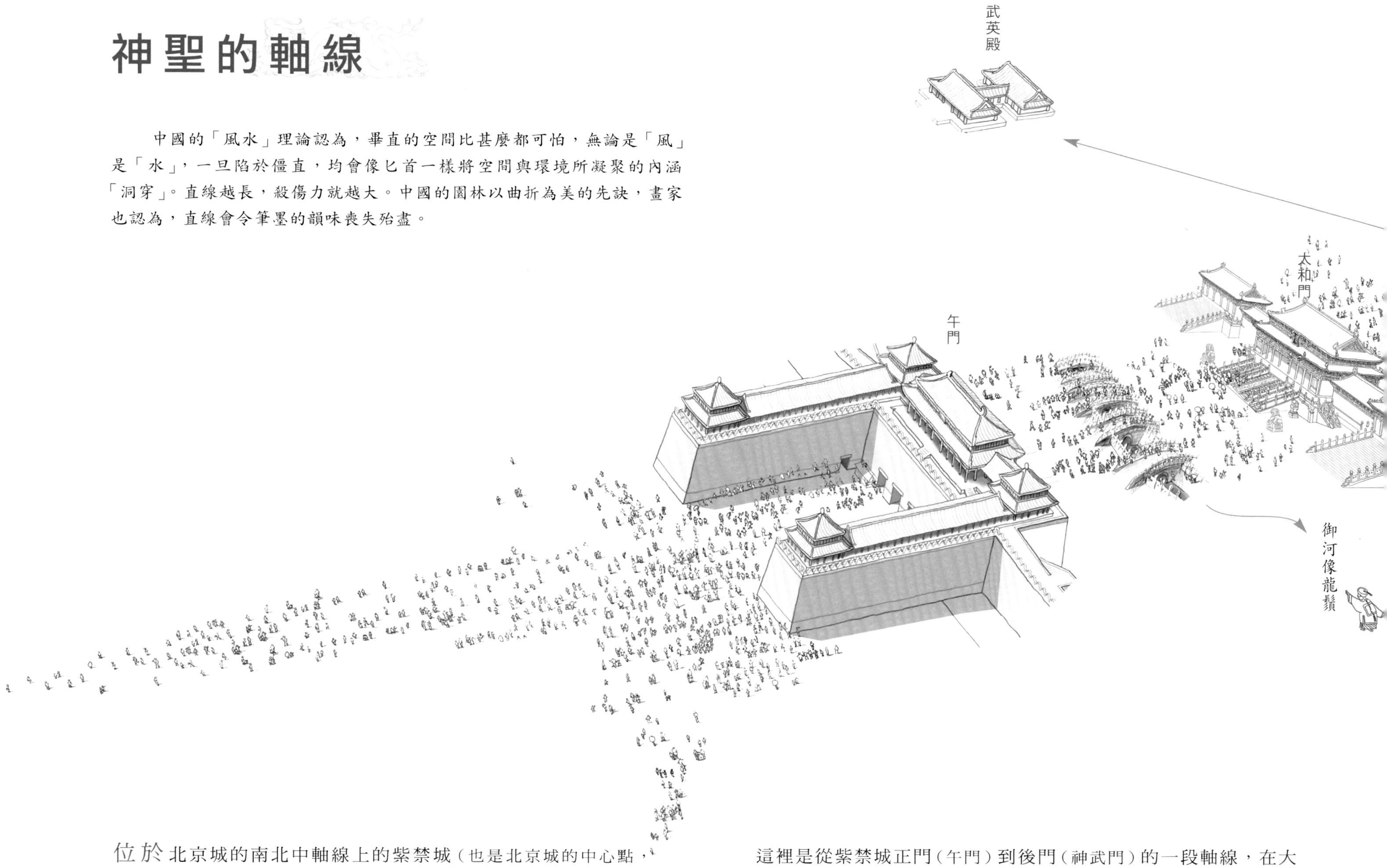

位於北京城的南北中軸線上的紫禁城（也是北京城的中心點，甚至是當時天下的中心點），正正就是讓一條最可怕的直線貫穿（從南面永定門到北面鐘樓差不多八公里）。這樣強大的自然力量，一般人都避之唯恐不及。但古人相信這股力量，唯有王者莫能駕御，唯奉天者才夠資格將可怕的直線承運為充滿威儀、可敬可畏的莊嚴直線。

除親王官衙及廟宇等具特權的建築外，一般民居佈局，縱使是坐北向南，大門入口也會按風水的利弊而開設在東南的方位，以避開正南吹來的罡風。

這裡是從紫禁城正門（午門）到後門（神武門）的一段軸線，在大小不同的殿宇，再加上兩旁延展開去的殿宇陪襯（輔弼）下，大片匍伏在地平線上的宮殿群按節奏冒起不同高度的節點，令原本僵直的空間變得像有生命似的起伏流動。現代的建築學者將軸線上一座座不同高度的宮殿視為古北京城的中央脊椎，古代中國人形容得更玄妙，認為是從大地本身所湧現的王者意象——龍的氣脈。

脊椎也好，龍脈也好，似乎都在說建築是人類身體活動的延伸，也是大地的軀幹部分，自然本身就是個有情生命（推演下去，建築是同時從屬於人與自然的）。因此，傳統中國建築的性格除了見諸

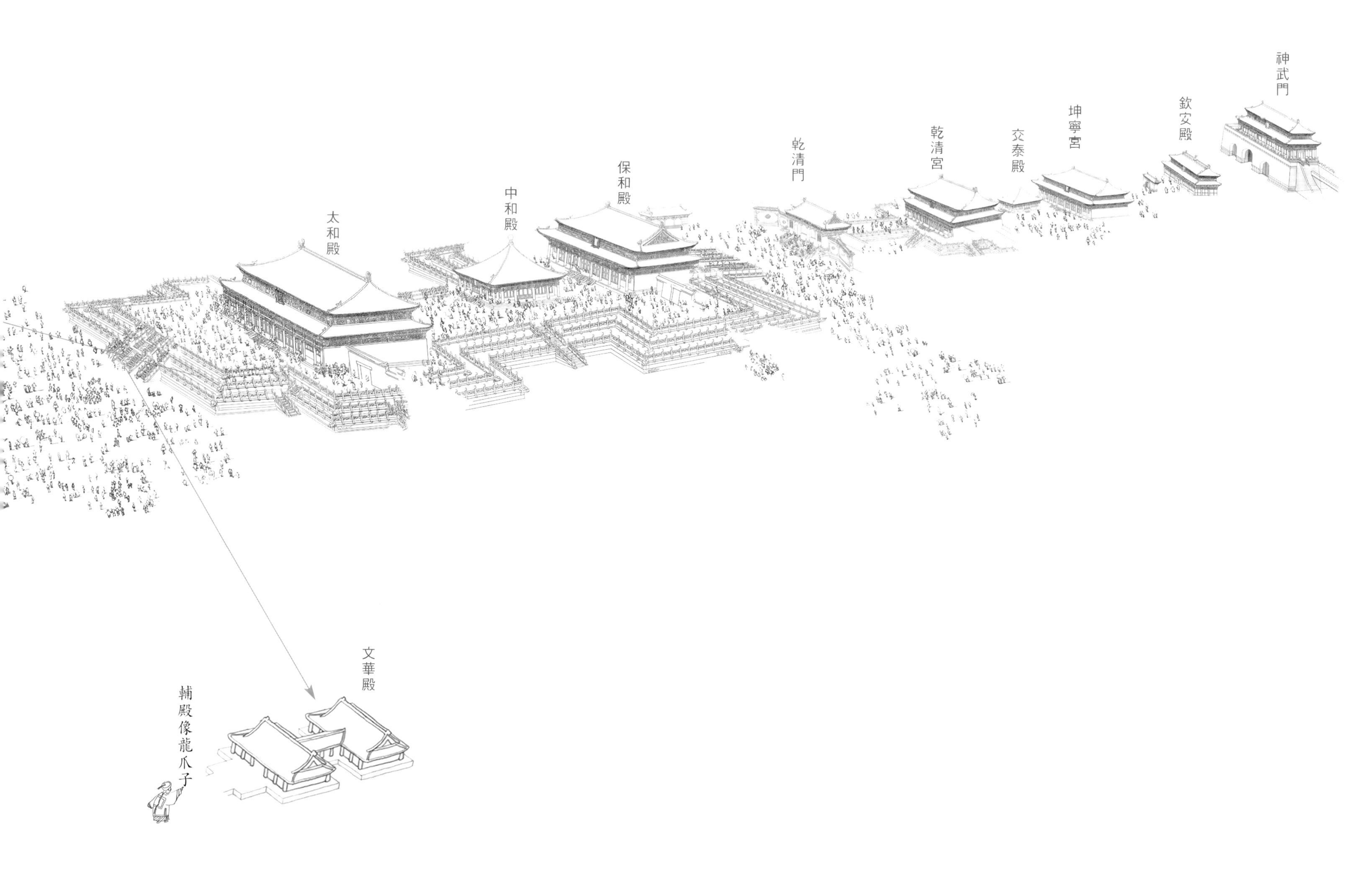

單幢建築的獨立成就外，更在建築物與建築物之間的聯繫和組合中顯示出來。這情況在明清兩代營造技術和制度達到高度的標準化之後，尤為突出。

經過千百年的技術和經驗的積累，古代的建築師歸納出幾個非常富中國色彩的辦法，將可怕的直線轉化為莊嚴和可敬的直線：

（一）在直線空間上設置不同高度的梯階和台基。（起伏節奏）
（二）將直線上各空間段落的闊度作不同的調整。（寬緊節奏）
（三）在前兩點上佈置不同等級的立面——門。一種可以把任何空間開啟或關閉的象徵藝術。民間建築如是，皇家建築更將之發揮到極致。

傳統的帝王規格是「天子五門三朝」，即天子所在的宮殿應有五道開啟重大空間意義的大門和三個莊嚴的行政區域。五門，是最高格式的大體概念，真正實行起來往往不只此數（總之不少於五），像紫禁城這樣龐大的建築群，簡直是千門萬戶。

「近年地理學家利用先進的高空遙感技術，在北京的上空拍攝，意外發現天安門到鐘樓的建築，呈龍形狀。這正是中國帝王以真龍天子自居和中國龍文化的具體表現。」
「……龍形設計除太廟與社稷壇構成龍頭雙目、鐘樓和鼓樓為龍尾外，還有一條由三海、什剎海組成的水龍，恰似二龍戲珠。」

（《中華文明傳真．明——興與衰的契機》劉煒主編 王莉著 香港商務印書館）

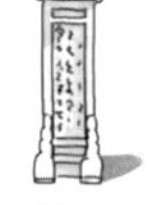
官員人等至此下馬

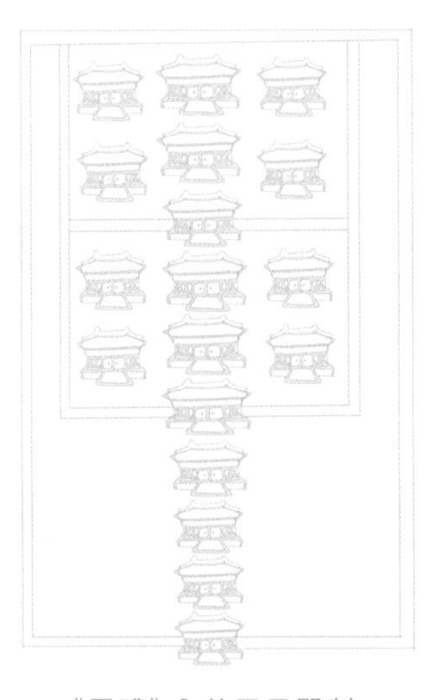

《周禮》內的天子門制

御旨廣告天下之門

天安門

皋門
（高。始事，告。於始廣告萬民）
高高在上，頒發御旨，廣告萬民之門。

長長千步廊兩旁是低矮的廡廊，「引導」與「催促」並濟，
既「不准」蹓躂，又「不准」急趨，一路走向令人屏息的天安門。

永定門 ……從永定門到正陽門要四公里…… 正陽門

大清門

千步廊長約500米，寬60米　　紅柱黃瓦的連脊朝房144間

天子五門三朝

「五門三朝」見諸《周禮》，經歷多個世代。其名稱、性質及功能已按著歷朝的比附而作出不同程度的發揮，但一直都保持著基本的次序。

大清門（明代的大明門，民國時改為中華門，後拆卸）約在今天毛主席紀念堂所在，當年滿清進城，將大明門的牌匾翻過來，寫上「大清門」三字，便入主紫禁城，完全是一派「清隨明制」的姿態。

此門不僅是皇城外門，更是明清兩代的國門象徵。每逢帝王出巡、祭天、凱旋歸來，都要經這門進入皇城，此外非重要典禮不得開啟。

大清門及千步廊已在近代先後拆毀，當年進入天朝前一段嚴肅又冷漠的一公里已不復睹。大清門至午門之間，從前是絕對不容許任意跨越的御道（從城東至城西只能在大清門前通過）。

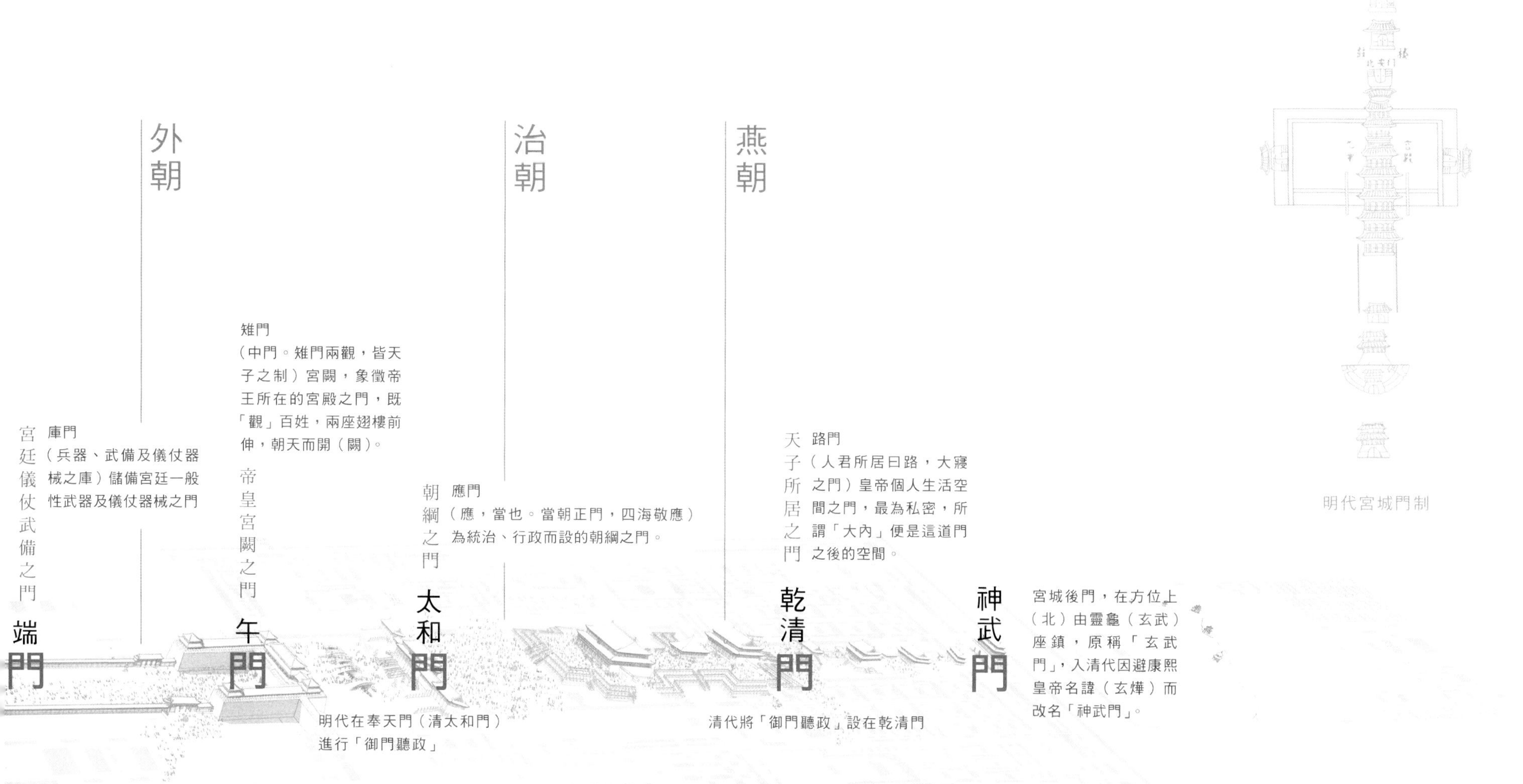

明代宮城門制

五門，是最尊貴的空間秩序根據。在陰陽學說中，雙數為陰（坤），單數為陽（乾）。皇帝是「乾陽」的代表。「五」是十進單位裡陽數的中間數（一三五七九），正代表「王者居中」。而「九」則是最大的陽數（十之後便返回一），「九五」就成為帝王的象徵，在整座紫禁城裡無處不在，即如以面闊九間（兩根木柱之間的距離為一間），進深五間作為最重要的宮殿格式。同樣，代表著皇帝的龍，也是五個爪子的。

也有學者認為九道大門便是「九重天子」的象徵。

禁宮護城河寬52米，挖出超過一百萬立方呎的泥土在禁宮後御園堆成一座主峰高約45.7米的小山，既可遮擋北面吹來的寒風，又可鎮壓前朝的王氣，更構成了一個背山面水（內外金水河）的理想風水格局。

天安門（明承天門）高33.7米，重檐歇山式，面闊九間，進深五間。設石獅及華表各兩對，是頒發重要文告的地方。外金水橋中間的御橋跨河部分九柱，前後出五柱，合九五的尊貴之數，比午門內的金水橋更嚴謹。每當有重大敕詔（例如皇帝登基、冊封太后）儀式在太和殿進行，詔書由宣詔官從天安門上向伏跪在外金水橋以南的百官宣讀，同時再以一隻鎏金鳳凰銜著從城樓上用繩緩緩下降，象徵天子詔令，廣佈天下。（金鳳高二尺一寸五分，立在鍍金雲朵上。）

天安門之後是一個大方庭，其方形空間與民間建築的「玄關」相類似（進入主要空間的前奏），只是後者照比例縮小了。訪客來到這裡少不免再整衣冠，端正儀容。正好，前面矗立的便是端門── 端正之門。 過了端門空間一下子又再拉長，遠遠（還有幾百米之遙）終於出現一座因為扮演著「門」的角色，故稱之為「門」的「闕」── 午門。

午門 紫禁城的正門

重檐廡殿頂，黃色琉璃瓦頂，
面闊九間（60.055米），
進深五間（25米），通高37.95米，
門前御道兩旁分設日晷（右）和嘉量（左）。時間和度量都是農業社會的重要事項，也是古代皇權的象徵。
午門高踞城墩上，為全宮城最高的建築物，也是四門中唯一採用雀替的，雖然是最尊貴的九、五開間，然兩側山面並無檐廊，等級依然比主殿（太和殿）為次。

此門大如闕，兩臂前伸，猶如「凹」字。大家都知道「庭院」是中國建築空間的最早記憶；希望大家也知道這個巨大的「凹」字，也是皇家建築最早的「大門」痕跡。
兩座崇樓以「觀」天下萬民，兩觀之間不作水平聯繫為「闕」，開敞通天，就是所謂的「宮闕」——午門，大紫禁城的正式大門。

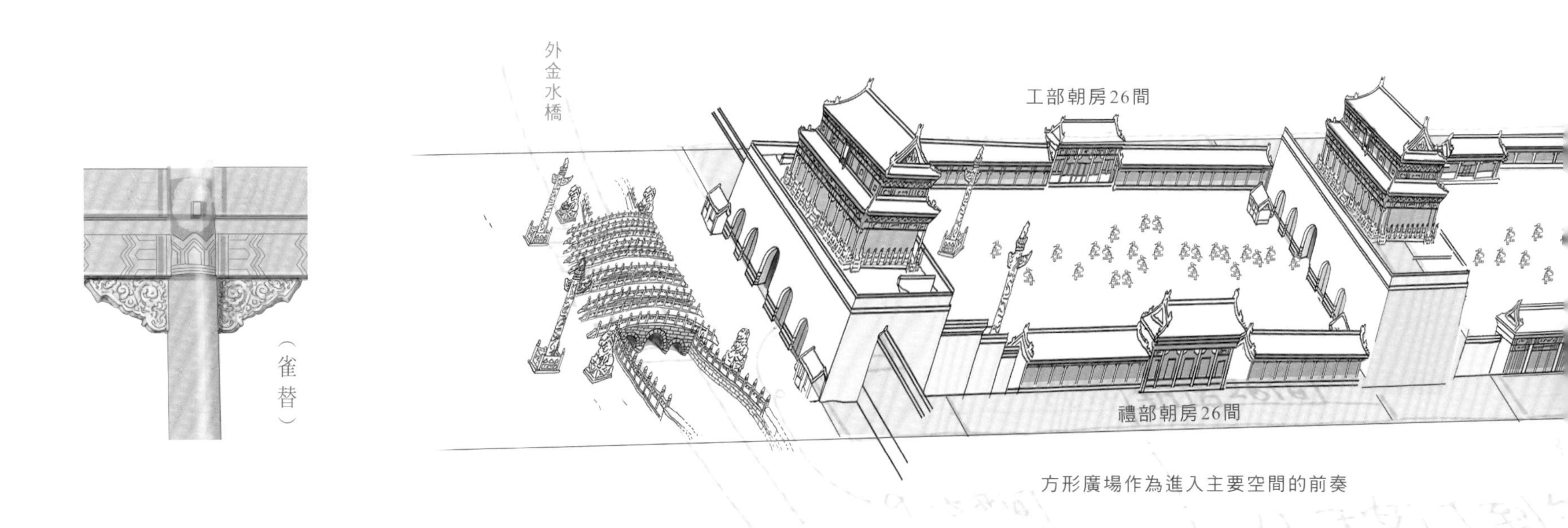

（雀替）

方形廣場作為進入主要空間的前奏

象徵與隱喻

漢文化發源於中國較北的地域，氏族群居，身份高的生活空間自然佔據著「坐北向南」的較佳位置（以免北風侵襲）。方位由實際功能逐漸上升為帶有崇拜及權力的象徵，天子當然是「面南而治」，「朝北」有臣服的意味，「敗北」更不用說了。

「午」是方位中的正南面。從端門至午門，空間次序上的「端、午」非關節日，而是端正地到了向南而開的宮城大門。

方位在中國有著非一般的意義，既與五行屬性匹配，又有靈獸座鎮把守。有時會演算出極為複雜的理論，有時又可以直接作厭勝（打壓不利因素）或祥瑞象徵。東方是一條青綠色的龍，西面是頭白色的猛虎，北方是隻黑色的神龜，南面便是一隻紅色的鳳凰。

東（青龍）西（白虎）南（朱雀）北（玄武）

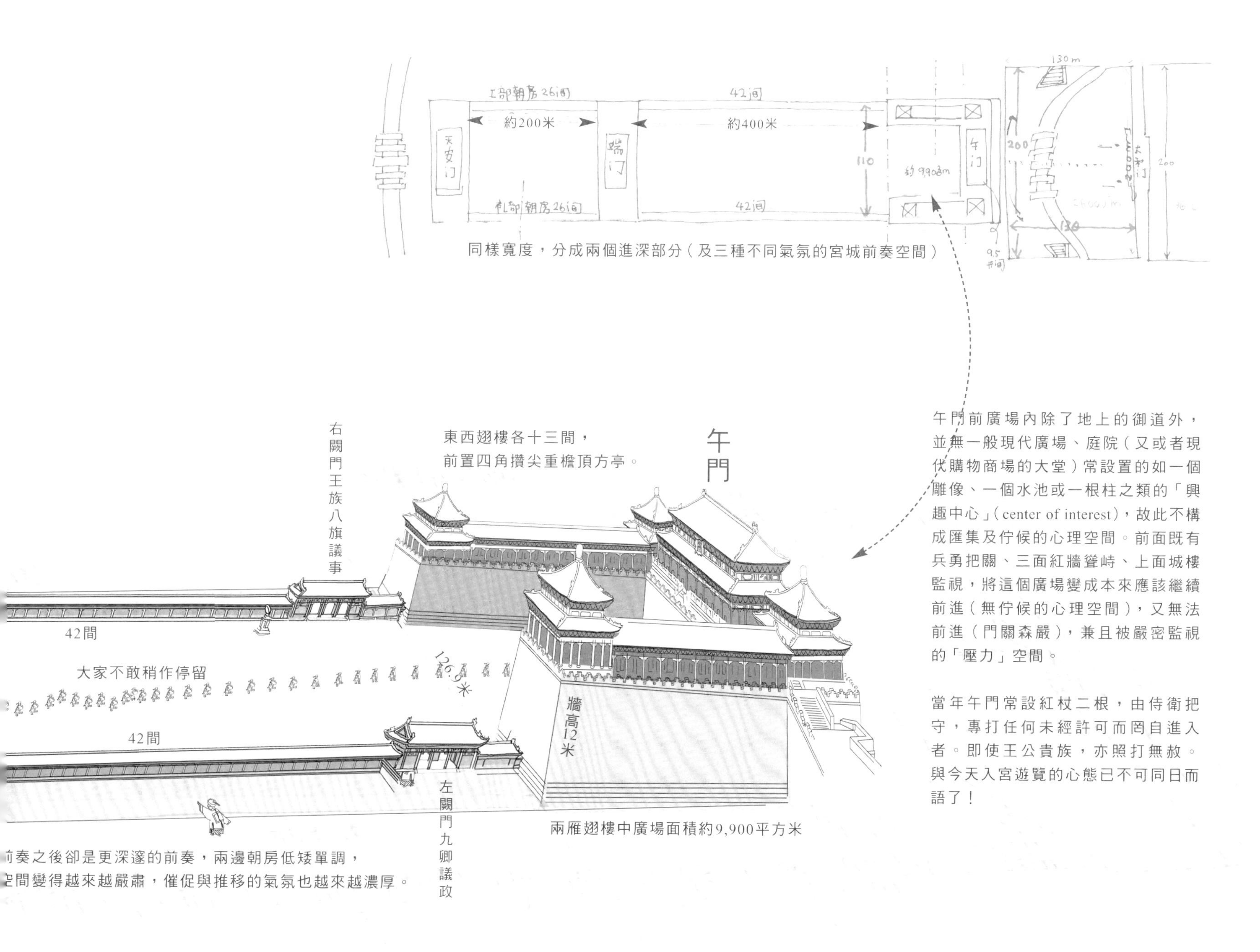

《周禮》內所記「天子五門」中的「雉門」，雉是鳳凰，朱雀便是鳳凰。午門被視為比附五門之制中的「雉門」（唐宋宮城門前御道即名為朱雀大街）。「凹」字台墩上五座屋脊微翹的崇樓，則被形容為五隻舉翅的鳳凰——五鳳樓。

這種近乎啞謎的建築語言（複雜程度和隆重程度成正比），一般人未必容易理解箇中的隱喻與象徵。在西方，類似的情況大概只會出現在中世紀的宗教繪畫及教堂的雕刻上。很明顯，西方的最高建築技術是替教廷服務，傳統中國的最高建築技術則是替宮廷服務。

在御道上，從端門遠眺雉門（午門）欲飛的天際線，在進入東、西翅樓中間那九千九百平方米的門前廣場時，天際線已因距離縮短而令人難以逼視。「朱雀」的「朱」是紅色，午門南方在五行中屬「火」，也是紅色的，廣場就在三面紅牆包圍下，給自大清門開始的朝覲之路作一個最嚴峻的總結——宮殿之城到了！

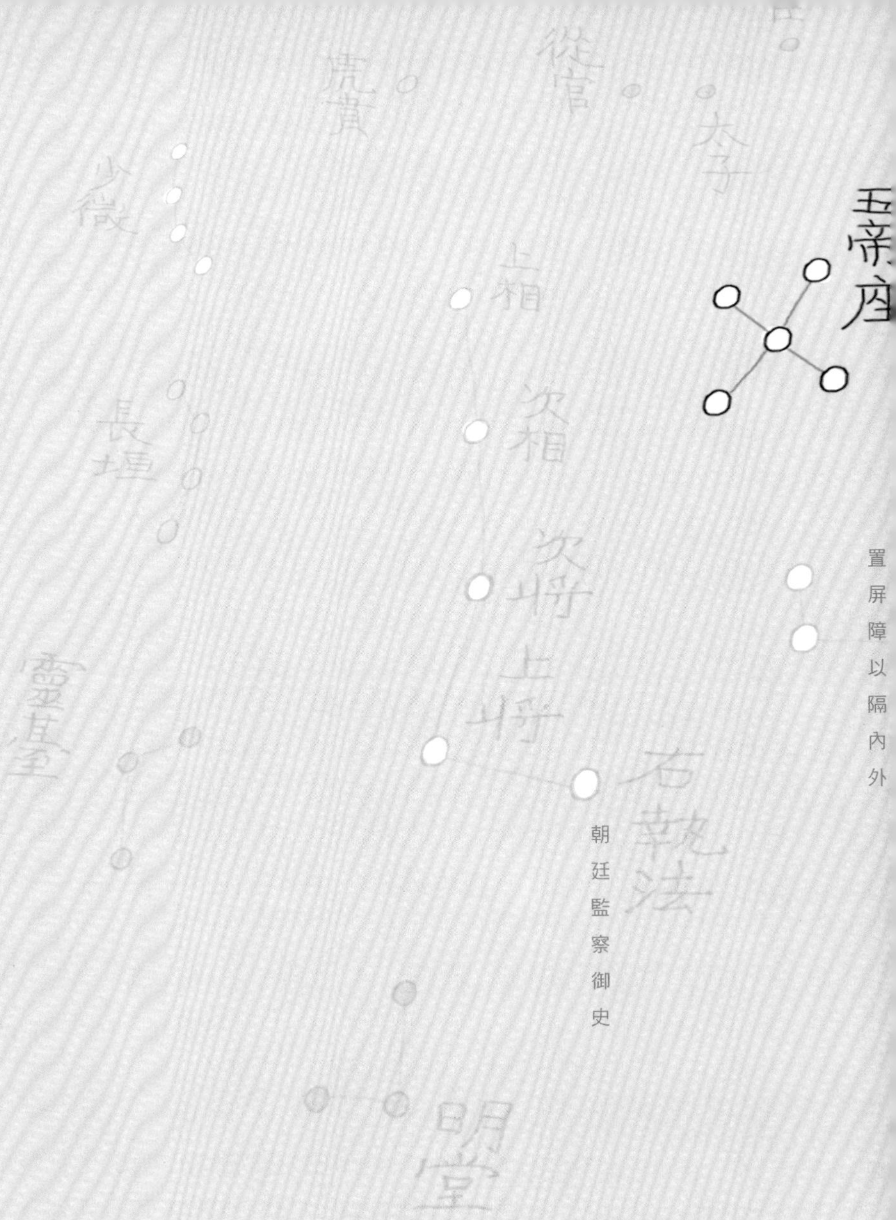

置屏障以隔內外

朝廷監察御史

午門上設置鐘鼓，每逢宮中大朝會均會鐘鼓交鳴，對外宣示莊嚴威儀。皇帝出入宮、祭社壇時鳴鐘，祭祀太廟則擊鼓。一般來說，皇帝親臨午門的只有戰爭凱旋受俘等隆重儀式（乾隆皇帝曾四次）。

朝廷每年冬天也在這裡頒佈來年曆書（因為乾隆皇帝名弘曆的關係，曆書也改稱為時憲書）。

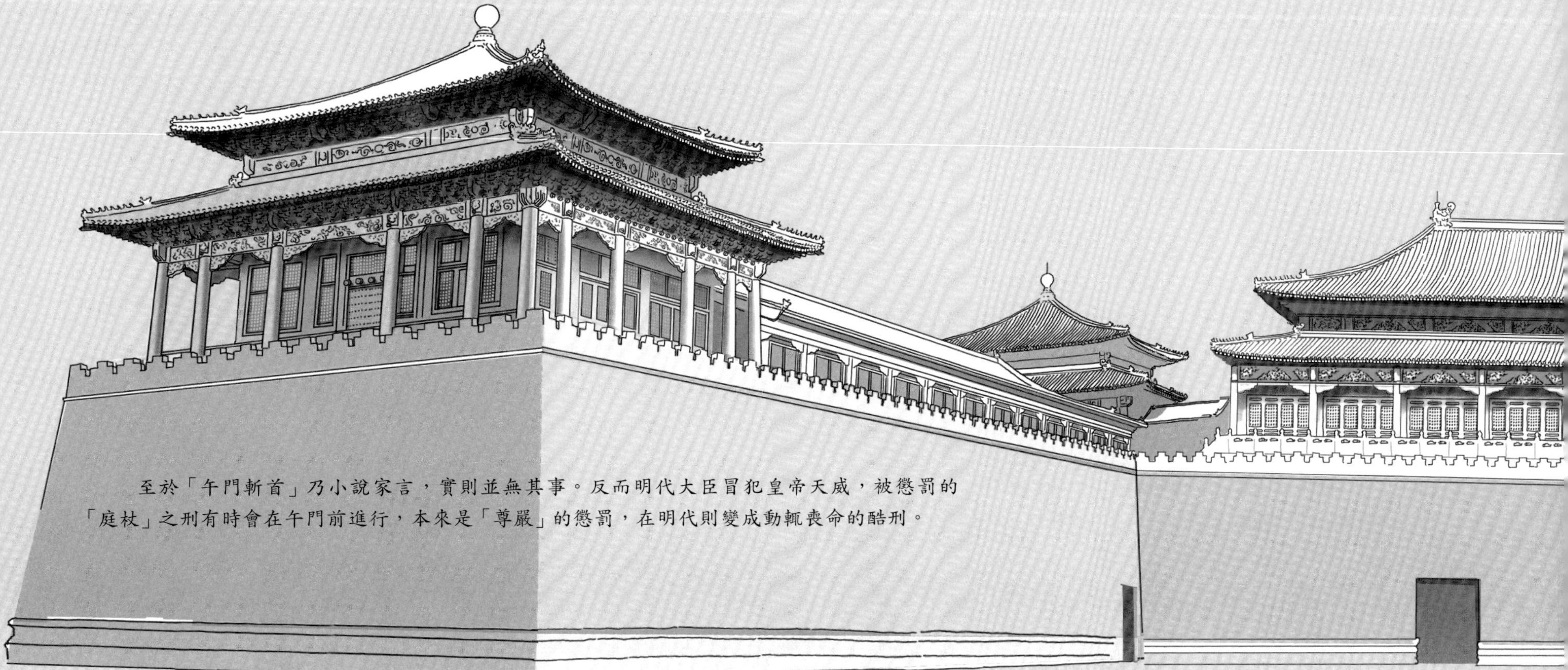

至於「午門斬首」乃小說家言，實則並無其事。反而明代大臣冒犯皇帝天威，被懲罰的「庭杖」之刑有時會在午門前進行，本來是「尊嚴」的懲罰，在明代則變成動輒喪命的酷刑。

左執法

朝廷監察御史

以前是掌傳達等事的官職，今天是每一個遊客。

三年一度的殿試放榜，第一甲前三名（狀元、榜眼、探花）獲特別恩准從午門正中門洞出宮，是天下讀書人一生最高的榮譽。皇帝大婚時，迎接皇后的御轎也會從正中門洞入宮。此外，就只有皇帝本人才可以從此門進出宮殿。

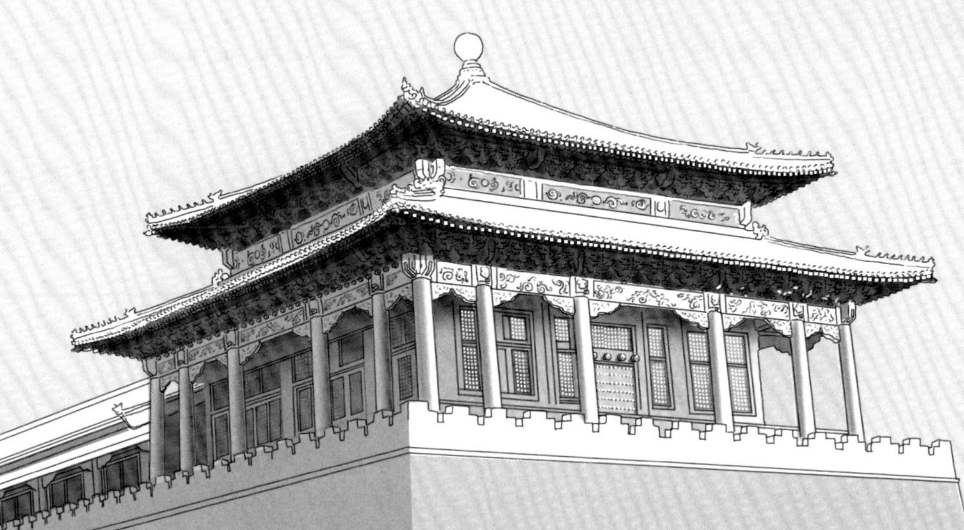

同治皇帝（1862-1874年在位）大婚，凡穿著彩衣等百姓都可以到這裡開眼界，當時湧現無數民間穿彩色「紙衣」的觀光客（大概是「即棄衣物」的紀錄，集體即穿即棄衣物又是另外一個紀錄）。由於品流複雜，趁著皇上大婚喜慶，平民大偷皇宮珍物，到光緒皇帝（1875-1908年在位）大婚時，重設門禁。（見《清稗類鈔．體制類》）

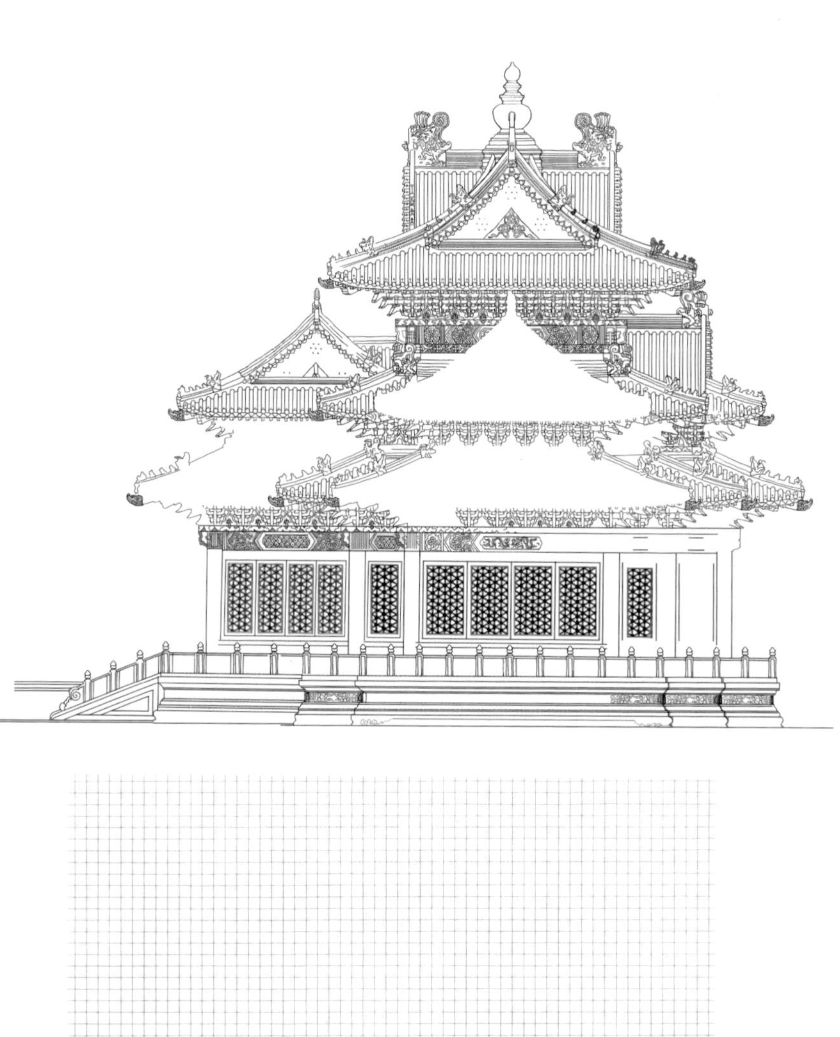

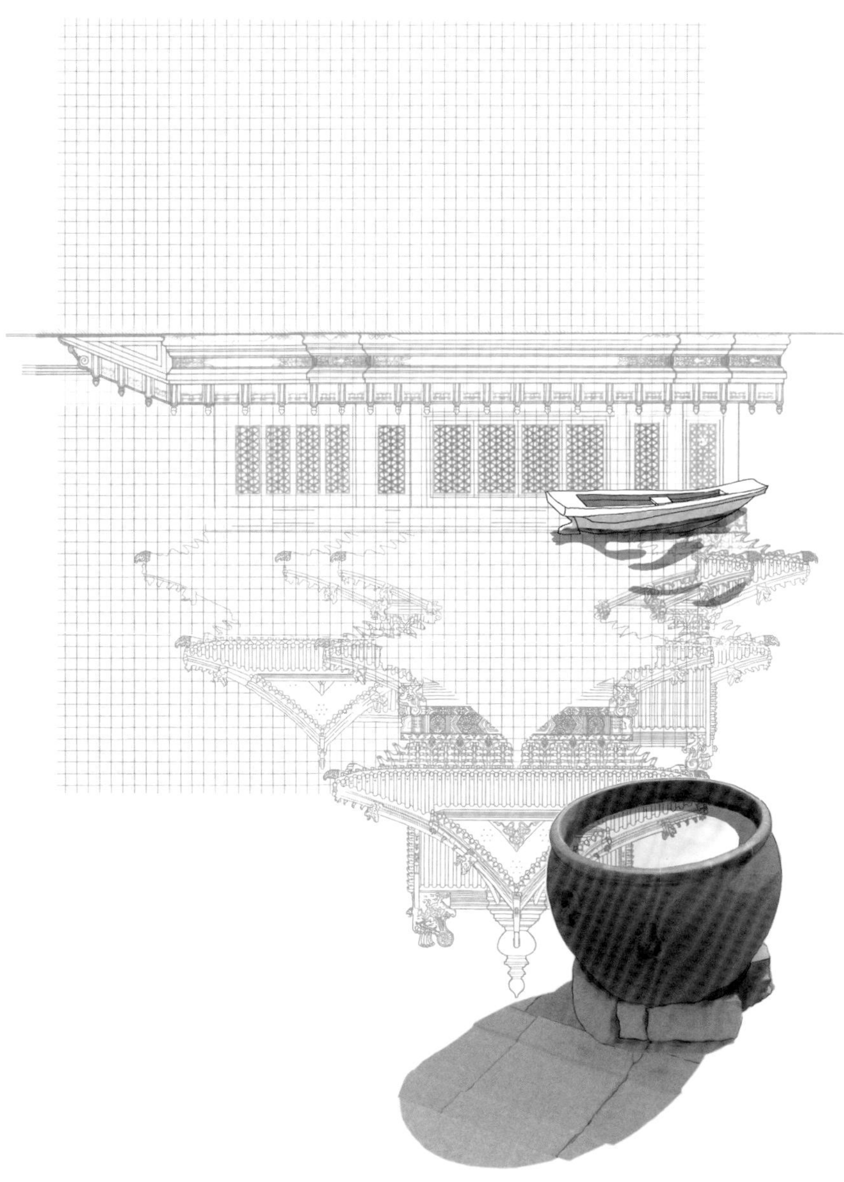

角樓

嚴格限制・出色設計

紫禁城的四個角落都各有一座高聳的望樓，因位置的關係，一般稱之為角樓。

四座角樓在宮城是型制及裝飾需要大於功能的要求（敵人一旦來到角樓守望所及範圍，已無守衛的必要了）。要將這幾個既偏仄，又重要的角落處理得合乎嚴格的宮殿秩序，實在很不容易。

首先是每一座角樓都必須可以四面環伺（守望功能），同時四面都應該有平衡的立面以符合宮殿的威儀。在傳統型制中可以同時滿足這兩項要求的就只有廡殿、盝頂和攢尖幾種屋頂。惟廡殿乃最高規格，一旦戍邊，整個大空間秩序將會陷於混亂。若是後者，要麼太超然（如祭祀性的天壇祈年殿），要麼又太隨意（例如園林中的亭），四角攢尖頂已在午門東西雁翅樓出現，圓形屋頂也會與方正規整的宮城結構相斥，顯得不夠莊嚴穩重。

（有關屋頂型制請參閱本書第58－59頁）

例：古希臘建築中四面俱到的有多利克柱式（Doric order），次一級的愛奧尼亞柱式（Ionic order），在神廟的邊角位置時實在費煞思量。最後出現的科林斯柱式（Corinthian order），最富裝飾性，級別卻最低。

以柱式而論，中國建築的柱頂承托系統（bracket system）—— 斗拱已一舉解決了希臘柱式上的「設計性」問題。

正因角樓本身並非既定制式（無從按本子辦事），所涉及的設計難度也就更大。最後終於出現了現在大家看到那種既不逾軋（等級牽制），兼且精緻玲瓏的造型（又體面，又富裝飾性）。這種極為複雜的結構曾經在一些古畫中出現過（例如著名的黃鶴樓），因為實在精彩巧妙，民間至今仍然流傳著當時工匠都束手無策，到最後一刻，經春秋時代的木作大宗師魯班顯靈指點（傳說中魯班拿著一個別緻的蟋蟀籠給工匠提示），才能將問題完美解決。

的而且確，在這幾座角樓襯托底下，禁城的幾道城門，尤其是最重要的午門更顯得充滿力量和莊嚴感。

角樓矗立在厚重的城牆上，上繁下簡，使從正面南至北那一條長達七百五十三米，尤其側面九百六十一米的天際線，遠遠看去，畢直線條的兩端收束，因為角樓而變得輕巧地翹起來。在視覺效果上，與一座單幢建築的微翹檐角一致，很了不起。不論在早上朝陽初升，或是夕陽斜照下，都同樣美麗動人。

更值一提的是四座角樓的結構，是根據各自的位置而作出不同平面曲尺形的調整，令到原本獨立的單元緊扣長寬不同的四道城牆，融和在紫禁城的大結構裡。

面對著嚴格的限制，仍出現這樣了得的設計。紫禁城牆的四個角落，隨便放在任何地方，都足以成為一座皇宮。

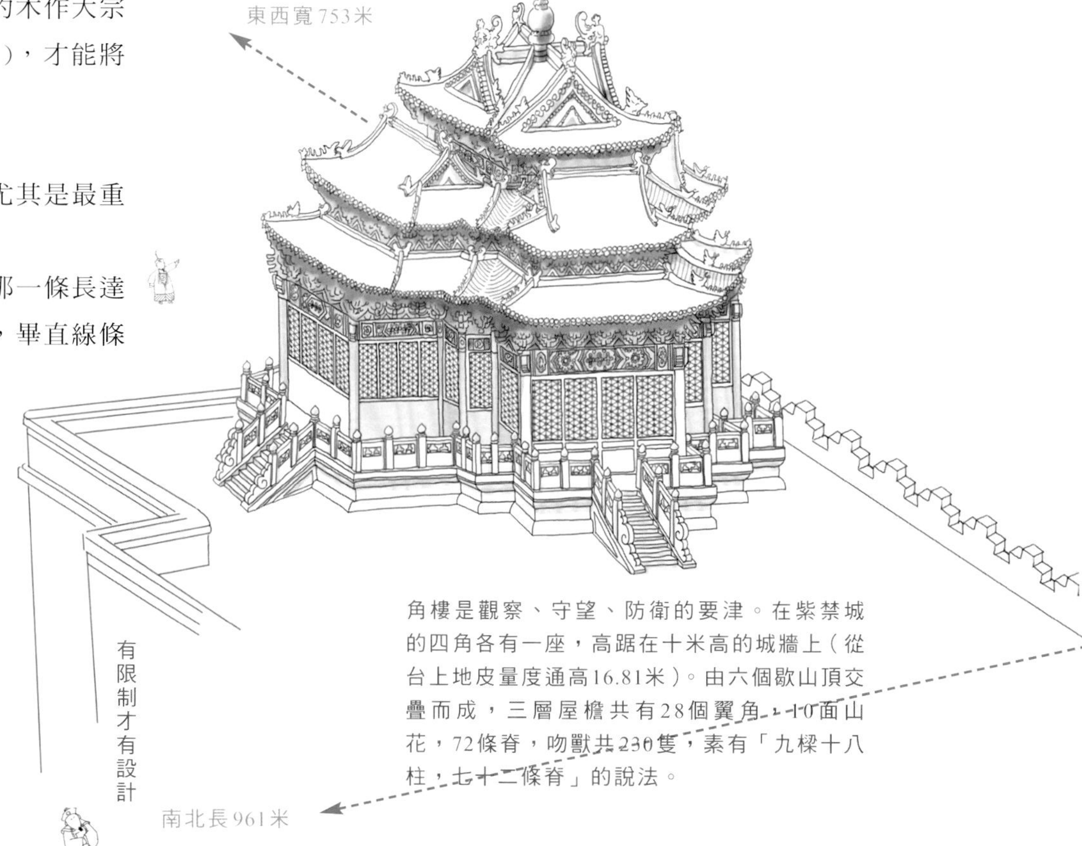

角樓是觀察、守望、防衛的要津。在紫禁城的四角各有一座，高踞在十米高的城牆上（從台上地皮量度通高16.81米）。由六個歇山頂交疊而成，三層屋檐共有28個翼角，10面山花，72條脊，吻獸共230隻，素有「九樑十八柱，七十二條脊」的說法。

第一個庭院——太和門廣場

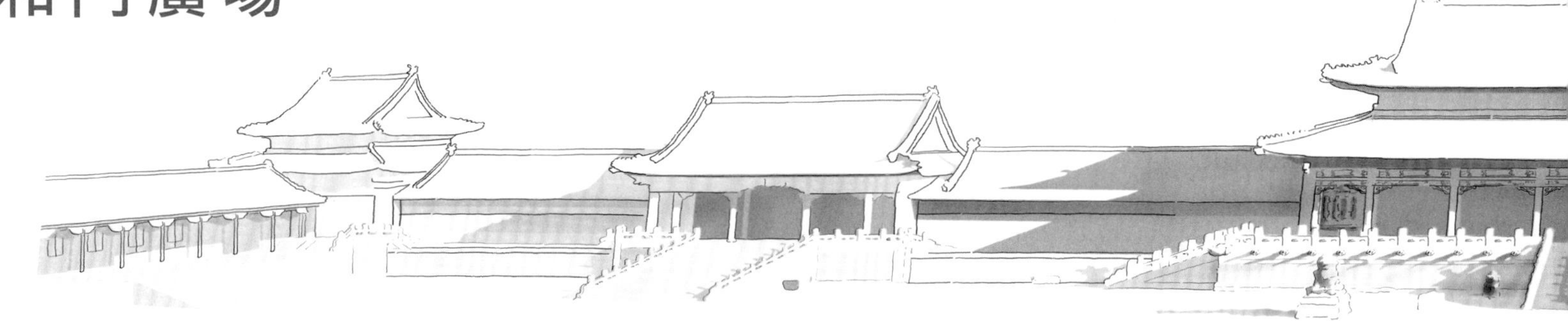

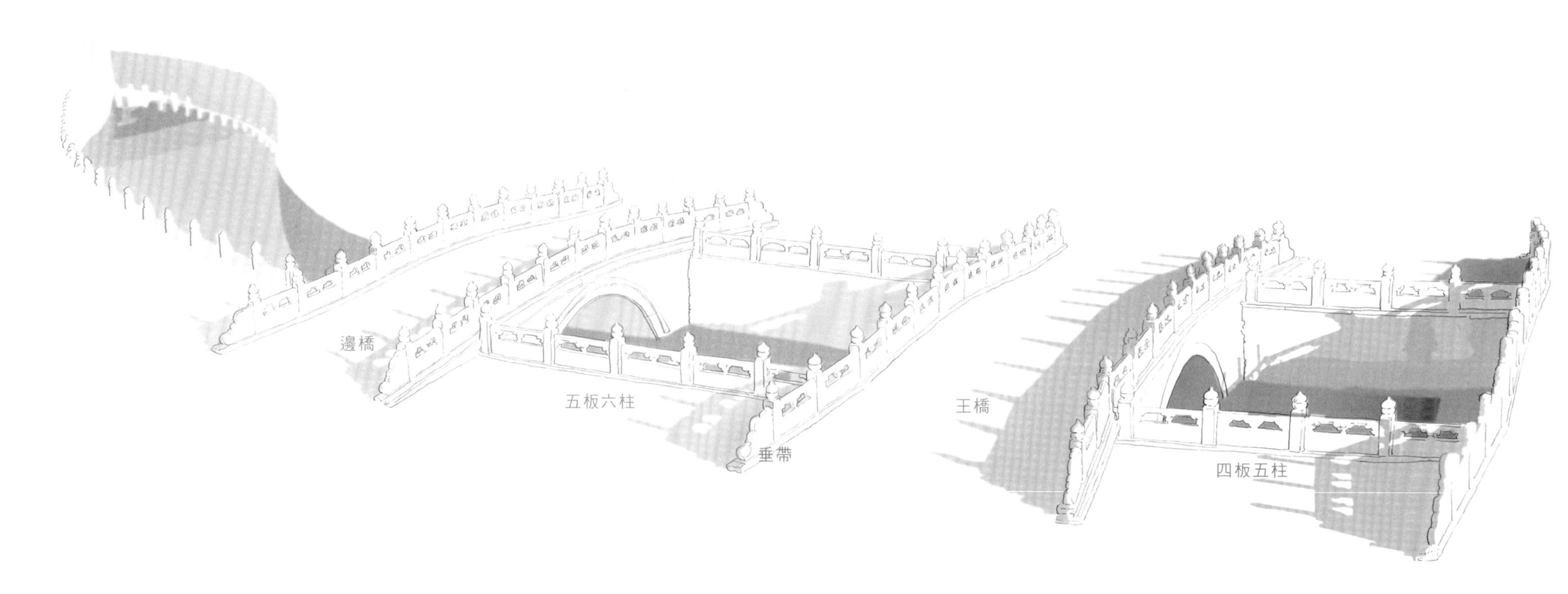

紫禁城內的庭院又慣稱之為廣場。
叫作庭院，因為事實上都是庭院；
稱為廣場，因為面積實在巨大。

內金水橋比外金水橋略小，河水彎彎，在明代種植荷花，同時兼備分區、排水、供水（工程）、防火乃至裝飾的功能。本來只是一條溝渠，經過一番佈置，就成了非常動人的景象。

這是紫禁城宮殿的第一個，同時也是最難形容的庭院。

作為當時天下最大權力中心前庭的角色，說它美麗實在不貼切；說它莊嚴卻又處處透露出異樣的溫柔。

當世第一大朝的前廷居然是「小橋流水」（在明代甚至栽種著荷花、游魚），只好附會「風水」裡「背山面水」的尊貴格局佈置。小河從西（五行中屬金的位置）而入，曰「金水河」，逶迤婉蜒（避免要命的直線），在廣場中間漸次加寬，呈月牙形，慣常的說法是「形如玉帶，五橋飛渡」。除此之外，這二萬六千平方米的天字第一號庭院就甚麼都沒有了。

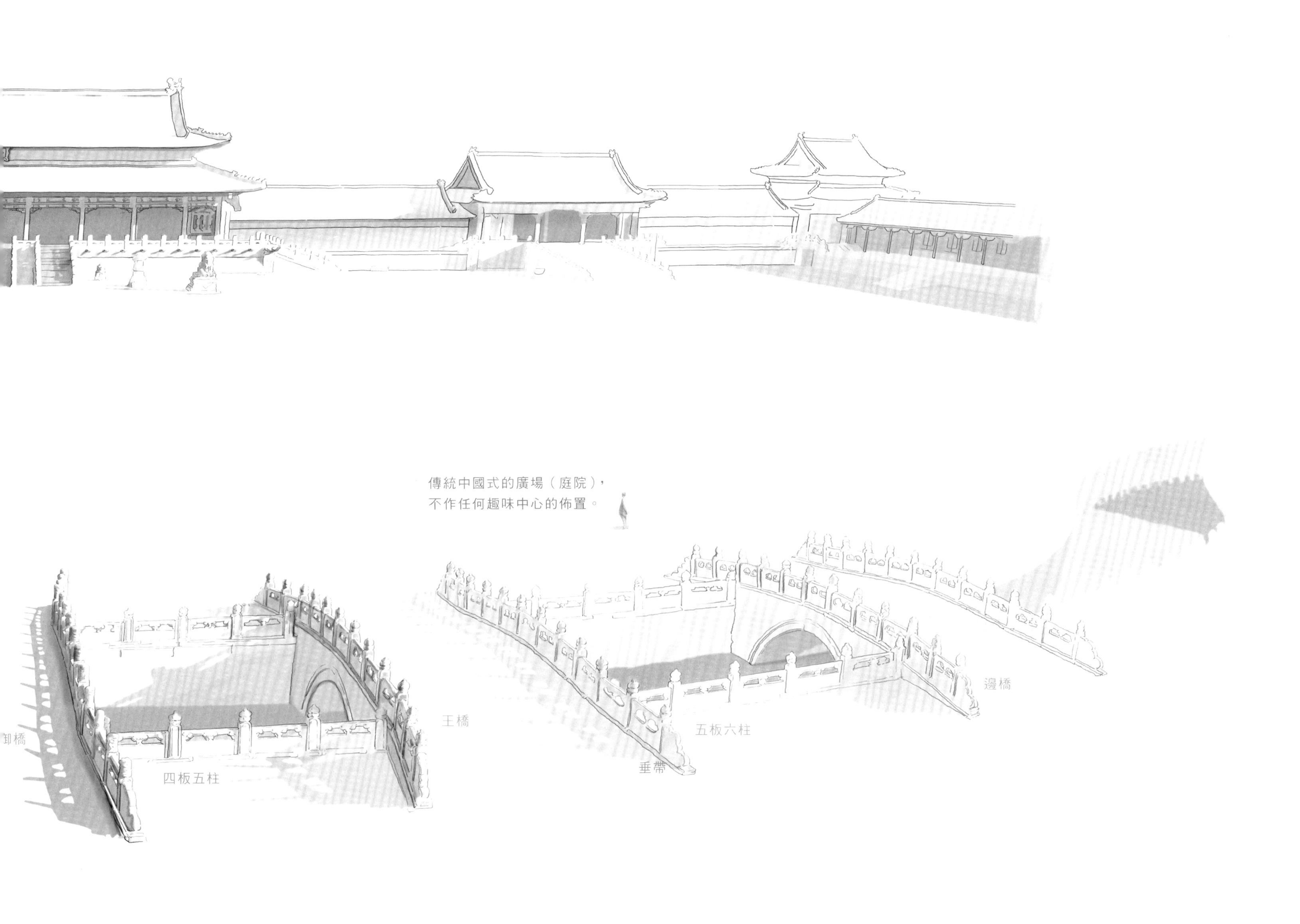

御橋雕龍望柱，跨河欄板為七塊，兩岸各出三
塊欄板加垂帶，其餘四橋則各出兩塊加垂帶。

這裡恍似一座超級劇院的前陛，雍容莊嚴，華麗婉柔兼而有之。走上任何一座白石小橋都是種享受（求功名官祿的世代更不用說）。可今天每個訪客的心裡都清楚知道，這個古代最大的政治舞台，偏偏在最多觀眾的時候，已不再上演任何故事了！說它難以形容，大概便是這種夾雜點點的感觸，隨著我們進入這座古老的宮殿，逐漸濃郁的歷史感吧。

午門是宮城之門，迎面的太和門才是真正的宮殿之門。
「太」是比「大」更大的大，天地間最大的調和、和諧之地，就在此門之後。

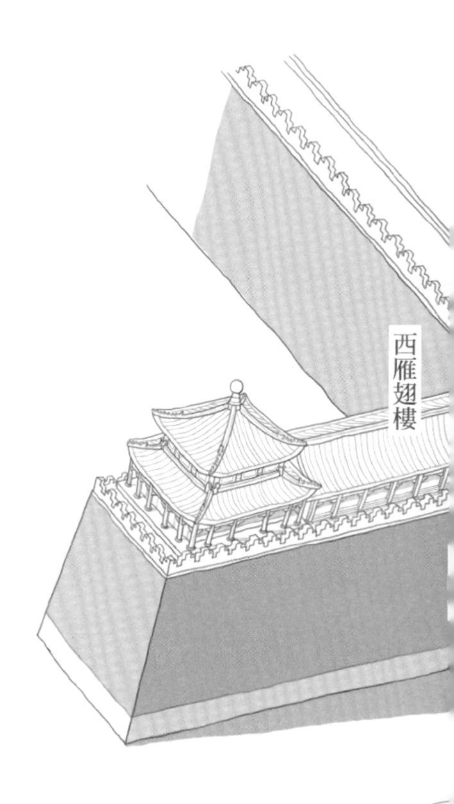

太和門

前面幾道大門皆為城門樣式（與城牆或宮牆連接，樓閣結構），太和門則是宮門樣式，為紫禁城中最宏偉的殿式宮門，面闊九間，進深四間，重檐歇山頂，下座白石台基，左雄右雌兩隻銅獅子，全國最大。

明代皇帝在此受朝拜，下詔敕令，稱為「御門聽政」。文武百官每日清晨到此行早朝之禮（不管皇帝是否出現）。

明初奉天殿（清太和殿）落成後，旋即被火焚毀，於是便開始了奉天門（清太和門）聽政的傳統，
往後，正殿又多次損毀重修（明代防火意識遠遜清代）。奉天門就一直在施政及典儀上扮演重要角色。

明太祖初年為了權力集中，將宰相職位撤消，代之以由內閣大學士組成的班子，內閣就設在左順門外，批閱商議、下詔都很有效率。明代是中國自唐以來再一次大一統的時代，開國之初，民風甚健。

奉天門（清太和門）與內閣之間的緊密距離與效率，令到明初的國勢十分強大。另一方面，奉天門遠離內廷，幾代之後，耽於昇平的皇帝開始疏於政務，出現了長年不臨朝的情況，結果內閣廢弛，竟由本來扮演居中傳令遞訊的宦官操縱朝綱。

1644年9月，六歲的福臨曾在這裡登基成為滿族入主中原的第一代君主（順治皇帝）。同年初，明朝將領吳三桂接受明崇禎皇帝封爵（平西伯）後，旋又接受清室封為平西王。

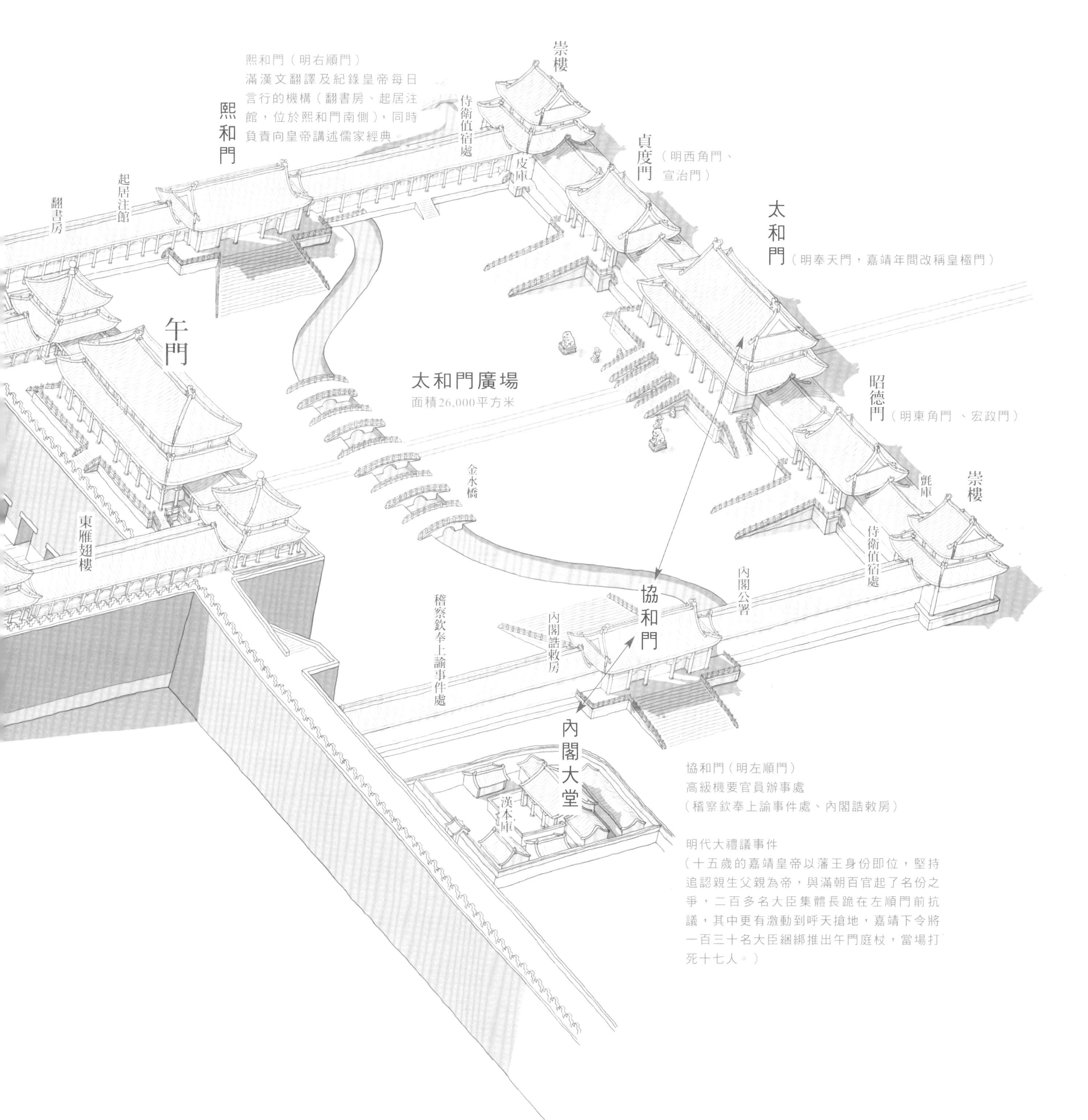
熙和門（明右順門）
滿漢文翻譯及紀錄皇帝每日言行的機構（翻書房、起居注館，位於熙和門南側），同時負責向皇帝講述儒家經典。
熙和門
崇樓
侍衛值宿處
皮庫
貞度門
（明西角門、宣治門）
起居注館
翻書房
太和門
（明奉天門，嘉靖年間改稱皇極門）
午門
太和門廣場
面積26,000平方米
昭德門
（明東角門 、宏政門）
金水橋
氈庫
崇樓
東雁翅樓
侍衛值宿處
內閣公署
協和門
稽察欽奉上諭事件處
內閣誥敕房
內閣大堂
漢本庫
協和門（明左順門）
高級機要官員辦事處
（稽察欽奉上諭事件處、內閣誥敕房）
明代大禮議事件
（十五歲的嘉靖皇帝以藩王身份即位，堅持追認親生父親為帝，與滿朝百官起了名份之爭，二百多名大臣集體長跪在左順門前抗議，其中更有激動到呼天搶地，嘉靖下令將一百三十名大臣綑綁推出午門庭杖，當場打死十七人。）

太和門廣場的**空間**設計

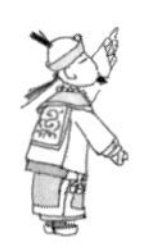

這裡看起來沒有什麼特別的佈置，然內裡所暗藏的空間設計，相信天下間再也沒有別的皇宮前庭會比它更巧妙。

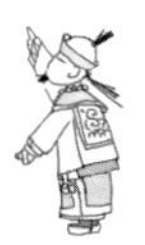

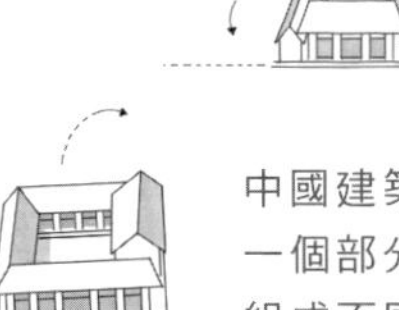

中國建築帶著濃厚的無定形色彩，每一個部分都可以在不同的相對關係中組成不同的意義。例如將迴廊組成的小庭院打開，便可圍攏大的庭院。

將大庭院打開，便可圍攏更大的庭院，甚至一個廣場。

昔日初朝天威的外國使節，循著國禮從大清門入宮，從天安門到午門在兩旁朝房夾道底下筆直地走了約一千七百多米的狹長空間，再經過午門更狹長的門洞進朝，一直的「進深」運動到此忽地裡變成「橫闊」的景象，除了感到豁然開朗外，幾經折騰同時又戰戰兢兢的身、心大概都完全進入「臣服」的狀態了。

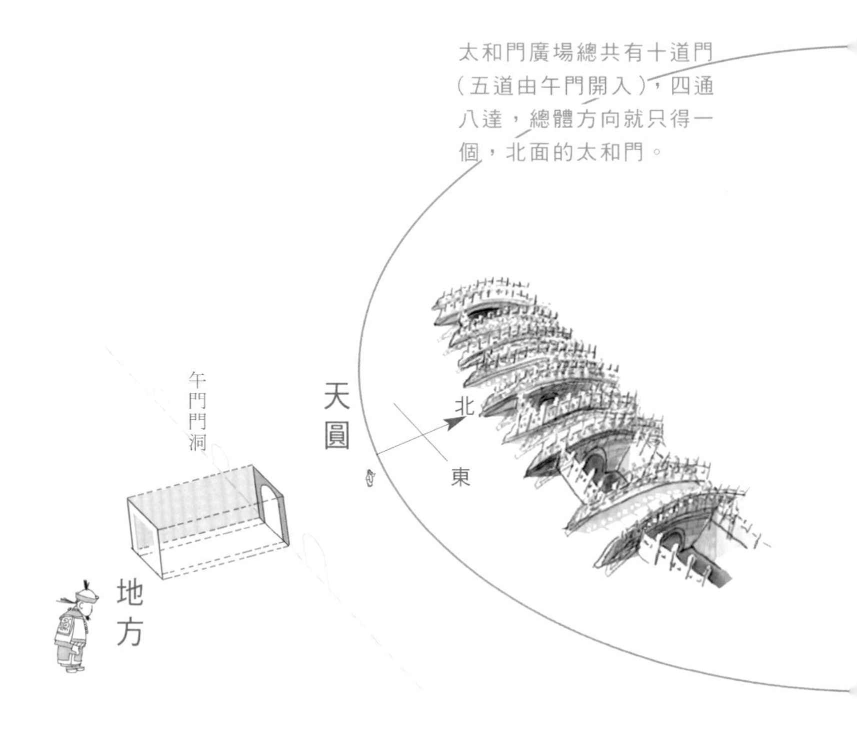

太和門廣場總共有十道門（五道由午門開入），四通八達，總體方向就只得一個，北面的太和門。

方圓

午門廊道在宮外呈方形的入口，在宮裡外望卻變成圓穹形。據說是傳統「天圓地方」的象徵（此刻是水平地放在地上），以前的人有幸進入天子所在的紫禁城，無異於從人間（四方）走到天上（圓形），午門也因此成為天、地的過渡。走過幾條精緻的白玉小橋時，更是在方形的廣場跨進圓形的內河，從俗世人間，進入天宮。

疏密

從御橋到左右邊橋的望柱和欄板沿河漸次加寬，河道亦相應在中央位置加寬（像月牙形）。橫向疏密（欄板）、縱深寬窄（河道），自然分出橋樑的主次等級不在話下，在視覺上除了令到河流的弧度看起來比實際還要強之外，小橋首尾外撇的垂帶更可以引導橋上行走官員向本身的等級方向前進。

氣魄

太和門（明奉天門）緊接著午門，體量若是相當，兩道門的性格（宮城之門及宮殿之門）自是相互抵消，在空間上亦會因缺乏變化而陷於呆滯。為免過分低矮而喪失宮殿第一大門的份量，連同左右兩邊廡廊都坐落在高於地面約兩米的台基上（甚至比主要的御橋跨度的最高點還要高）。將整個二萬六千平方米的寬闊庭院置於階下。在午門外難以逼視的「監視性」氣氛，在庭院裡搖身一變而成為「仰望性」的空間。華麗的太和門雖比午門低，但通過河流、白玉橋和左右廡廊的襯托，再加上全國最大的銅獅把關，反而增添了一種藍天底下的堂皇氣魄。

外拒與引導

蜿蜒金水河在廣場中間漸次加寬，呈月牙形，在溫柔中同時帶著彎弓外拒的弧度。幾座美麗的玉石拱橋（嚴格來說乃是通道）輕巧地跨越過去，恰恰又形成前進的引導。
在既拒且迎的隱藏拉力下，令每一位置身於這個廣場的人都不會停下來。以前上朝百官固之然不會，現在的參觀者也許都以為自己在徘徊欣賞，實則下意識卻在前進的暗示中慢慢走向全國最輝煌的宮殿之門——太和門。

罕見的斜道

明代皇帝在奉天門（清太和門）御門聽政，金水河南北作出自然內外的區分，又將東西兩座本來坐落在中心點的門劃出廣場外檔。左右兩門的礓䃰走道，更以極罕見的方式處理。不規則的斜角既方便輦車行走（配合明代朝典禮儀），更是朝官行走的引導。

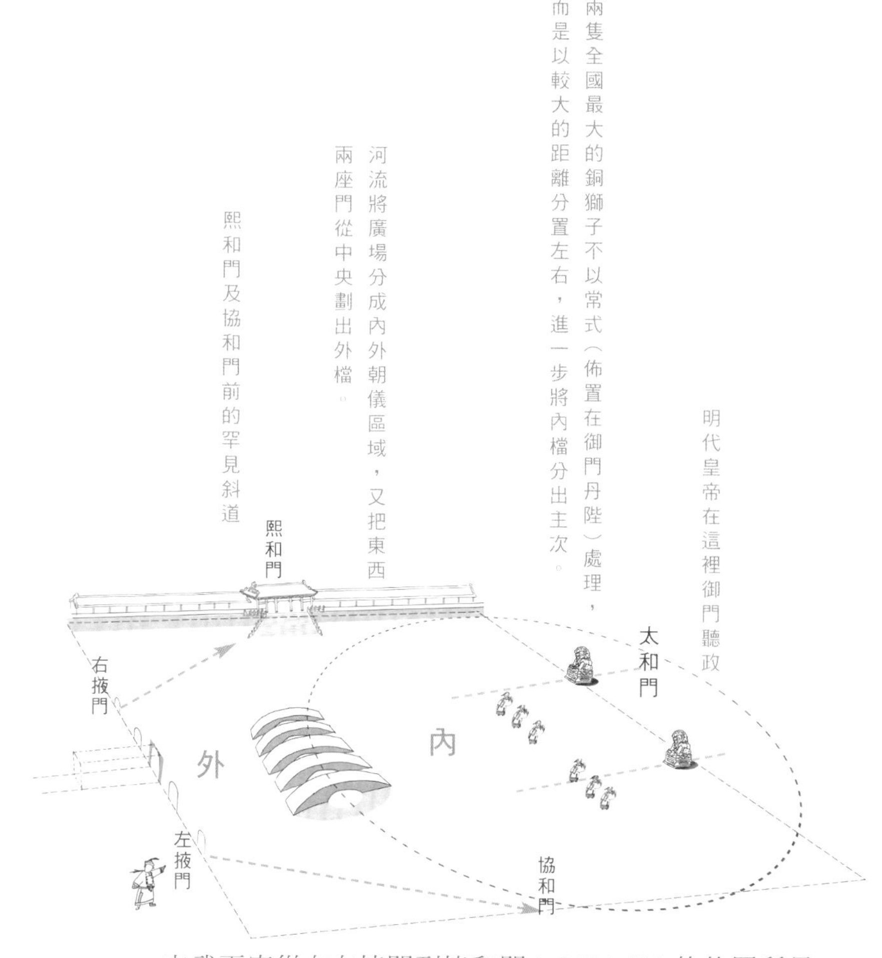

文武百官從左右掖門到協和門（或熙和門）的位置所見的都是偏仄及狹隘的銳角。就算一個終老朝廷的官員，一生也未必有機會正視這個空間。

外朝各主要宮殿在明清兩代的名稱

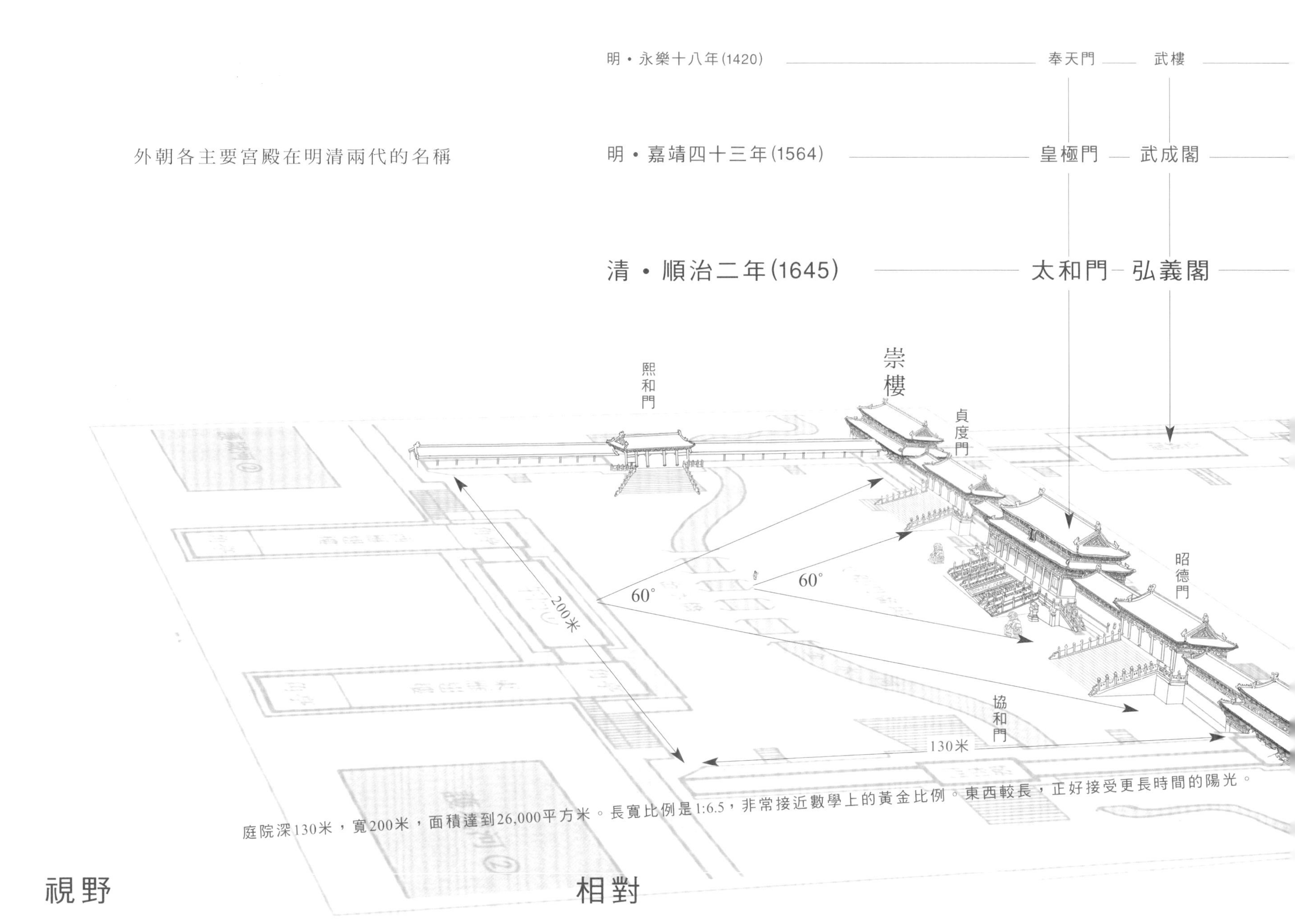

庭院深130米，寬200米，面積達到26,000平方米。長寬比例是1:6.5，非常接近數學上的黃金比例。東西較長，正好接受更長時間的陽光。

視野

以一般視覺的120度範圍中最佳的視野為60度計算，便構成了御道上王者的視野。

剛從午門進入即可看見廣場正北面整個立面和天際線，浮在五道輕巧的白玉石橋上。

走到正中御橋時剛好看到全國最尊貴、最高級的太和門。反之皇帝從太和門而出，亦可一目了然。

配合視覺的空間設計，其實早在天安門的外金水橋已經開始，在紫禁城內中軸線上的主要宮殿都會一再出現。

相對

經過太和門，便到了紫禁城內最大的廣場，也是世界上最大的建築物內部廣場(總面積超過三萬平方米)——太和殿廣場。

在總體佈局上，這是外朝中軸上同寬度的第二個庭院；在空間單元上，則由四座崇樓標示出在朝儀的特殊地位；然後又以兩堵黃瓦紅牆來劃分前後院落，否則這個廣場將會比我們所見到的更要龐大。

在前面(第14－15頁)，我們曾經提過「門」的妙用，午門是隆而重之的「宮城之門」，太和門則是最尊貴的「亦門亦屋」的「宮殿之門」。本來凌駕整個前院空間，在第二進庭院中便立即變成從屬太和殿的「倒座」(面對

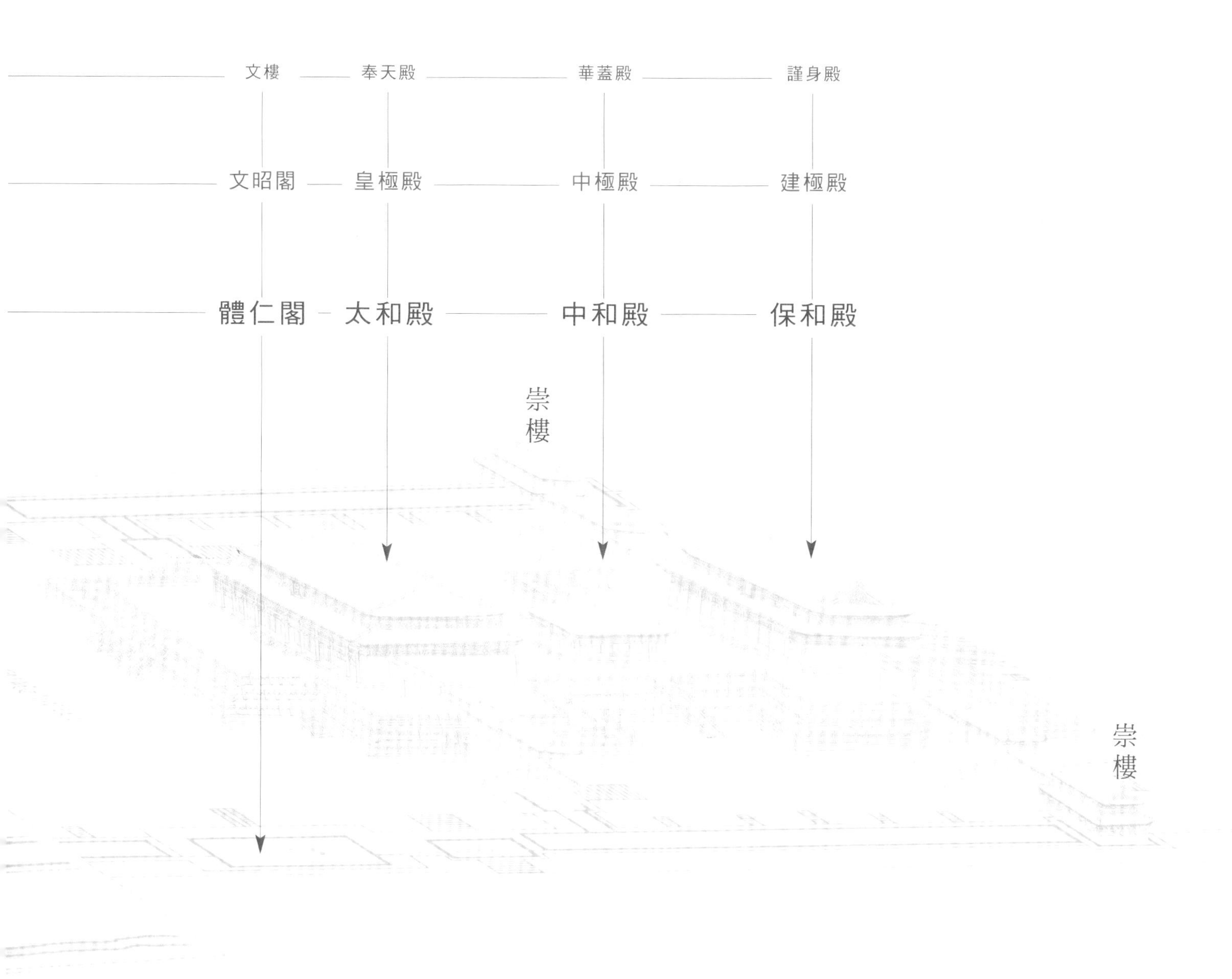

著主殿，在禁城的方位裡是朝北）。這是「很中國」的處理手法，縱然古代中國人一直沒有把建築放在文化與藝術的最高檔次中，但事實上，建築卻不斷反映出這個民族的文化和藝術性格。《清稗類鈔》有以下的記載：

「康熙皇帝在一次大旱中，帶著素服的官員，從太和門徒步出發走向位於北京城南的天壇，向上天為民祈福禱雨。康熙乃一代英主，走不到天橋附近，蒼天即降雨相應。又，事事以為榜樣的乾隆皇帝，在另一次的天旱中亦依著禱雨，結果亦甚為美滿。」

凌駕一切的皇帝「面南」而治，在非常時期便會與萬民同列（當然站在最前）進行「朝北」敬拜（在重大典禮，或前述的例子中，平素在宮中的活動也坐轎的皇上，便會徒步走到天壇，虔誠地在神道上「向北」走幾百米進行祭天儀式。若是老遠跑到泰山「封禪」，則是屬於皇與蒼天的私人活動）。

將　人民 —— 皇帝 —— 上天　構成微妙的相對關係

百姓將信念托付皇帝，皇帝將信念托付上天。皇帝處於天人交界，交界的核心便是太和殿。皇帝並沒有因為「朝北」而大失身份（反而更突顯出為民請命的帝王姿態）。在這廣場裡，尊貴的太和門亦不因退居「倒座」而有絲毫失色。

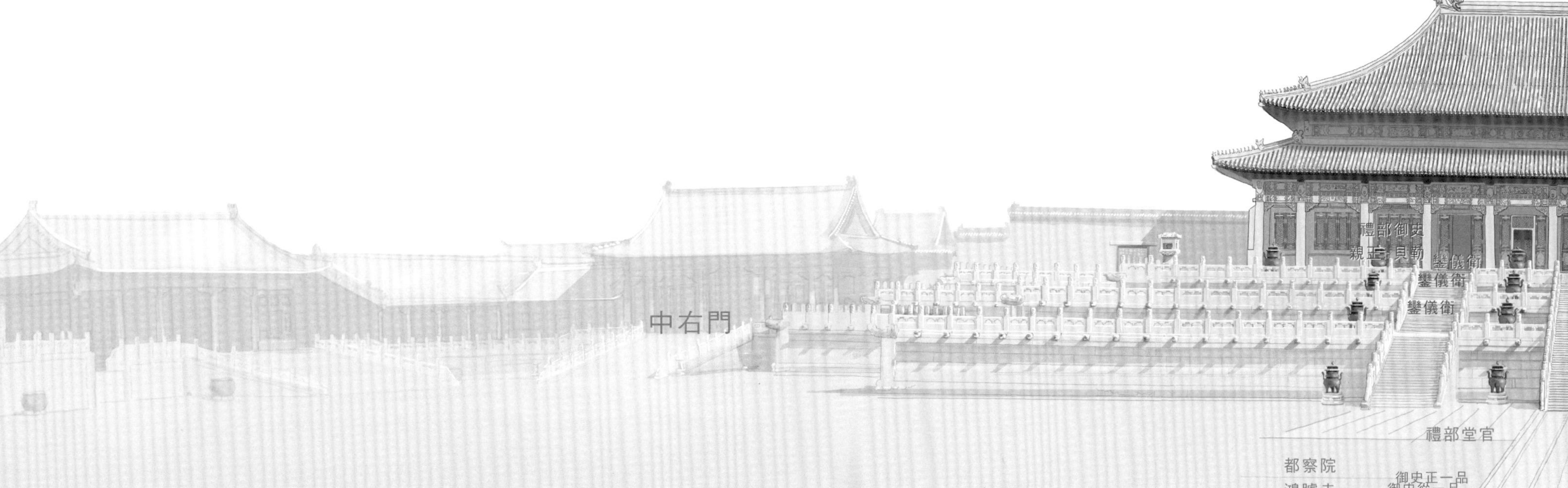

太和殿廣場

是外廷最主要的正殿，與武英殿及文華殿三角頂立於外朝。
重檐廡殿式，是中國古代建築中最尊貴的屋頂級別。面闊九間（60.01米，連兩邊側廊共十一間），進深五間（33.33米）。面積2,377平方米，通高35.05米。連同其餘兩主殿坐落在超過8米，總共28級的三層白玉台階上。

這裡是世界上最大的建築物內部廣場（總面積超過三萬平方米），全部用磚墁鋪（達七層之多）。以往每逢大朝典禮，廣場內按品級跪、站滿文武百官，尋常日子則嚴禁任何人等進入，乃進行最重要儀式的地方，實際的應用功能甚少。

廣場御道兩旁地上嵌有儀仗站班的「儀仗墩」，在大朝典禮時文武百官按品級向皇上跪拜。太和殿所進行的最隆重儀式包括皇帝即位、大婚，恭上皇太后徽號，冊封皇后、太子，出師討伐，每年元旦、冬至及萬壽節（皇帝生辰）等。清代取消了冊封太子的制度，幼年皇帝成年開始親政的儀式亦在太和殿舉行。

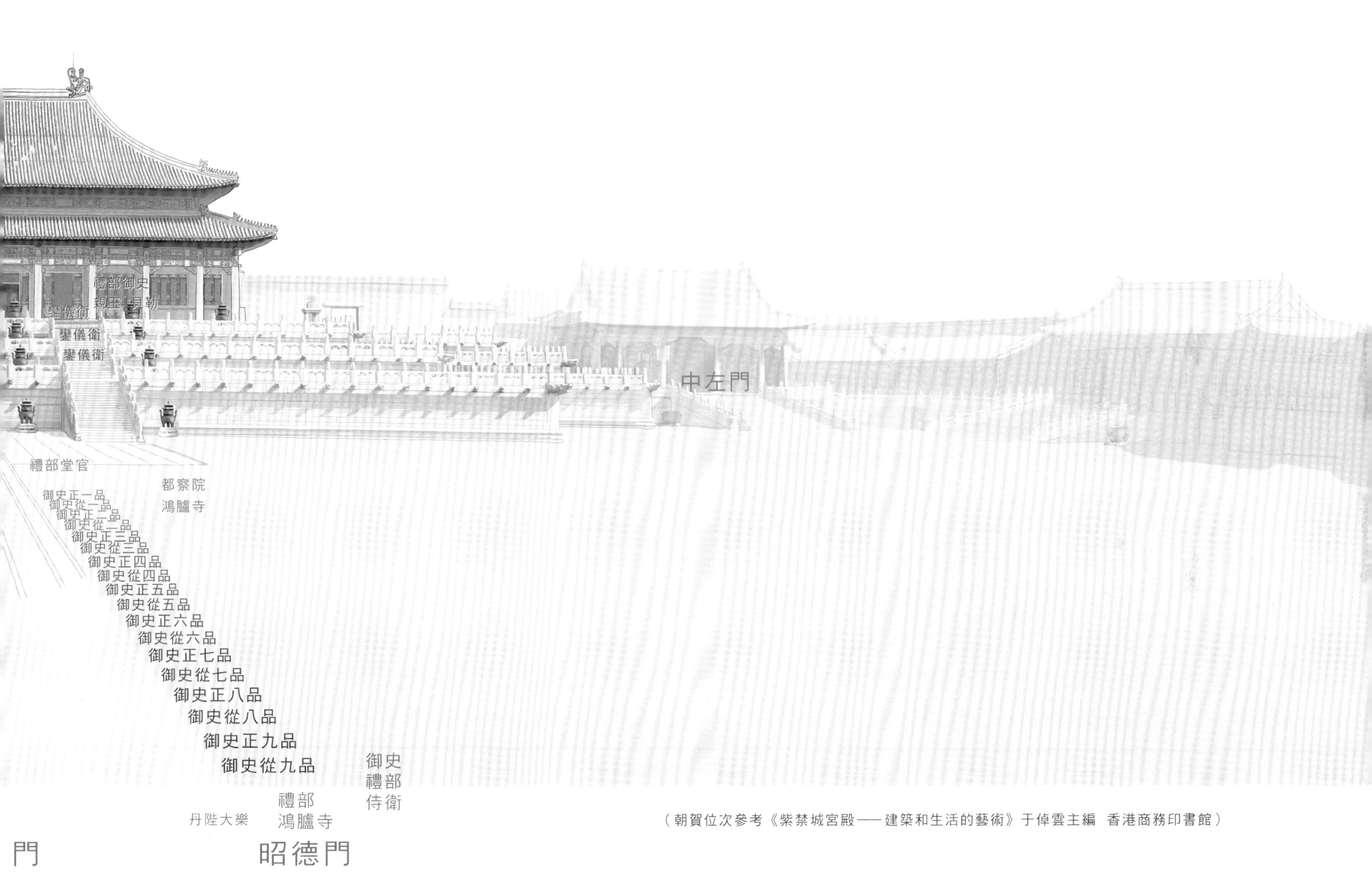

（朝賀位次參考《紫禁城宮殿──建築和生活的藝術》于倬雲主編 香港商務印書館）

在乾隆五十四年（1789）之前選出狀元的國家最高級考試（殿試）亦在這裡進行，後改在保和殿。狀元的頒佈儀式（傳臚）則依舊在太和殿舉行。

現在遊人較少踏足的角落會冒出荒草的景像在當時絕不會出現。按中國的五行觀念，王者居中，是屬於「土」，容不得「木」（植物）來剋制。又整座宮城的排水系統非常卓越，廣場基本上不會有積水的問題，如果今日遊覽遇上雨天，若雨量足夠的話，便可一睹千龍噴水的壯觀場面。一旦看到廣場有水窪現象，應該是地平日久失修，又或是曾作不適當的維修所致。

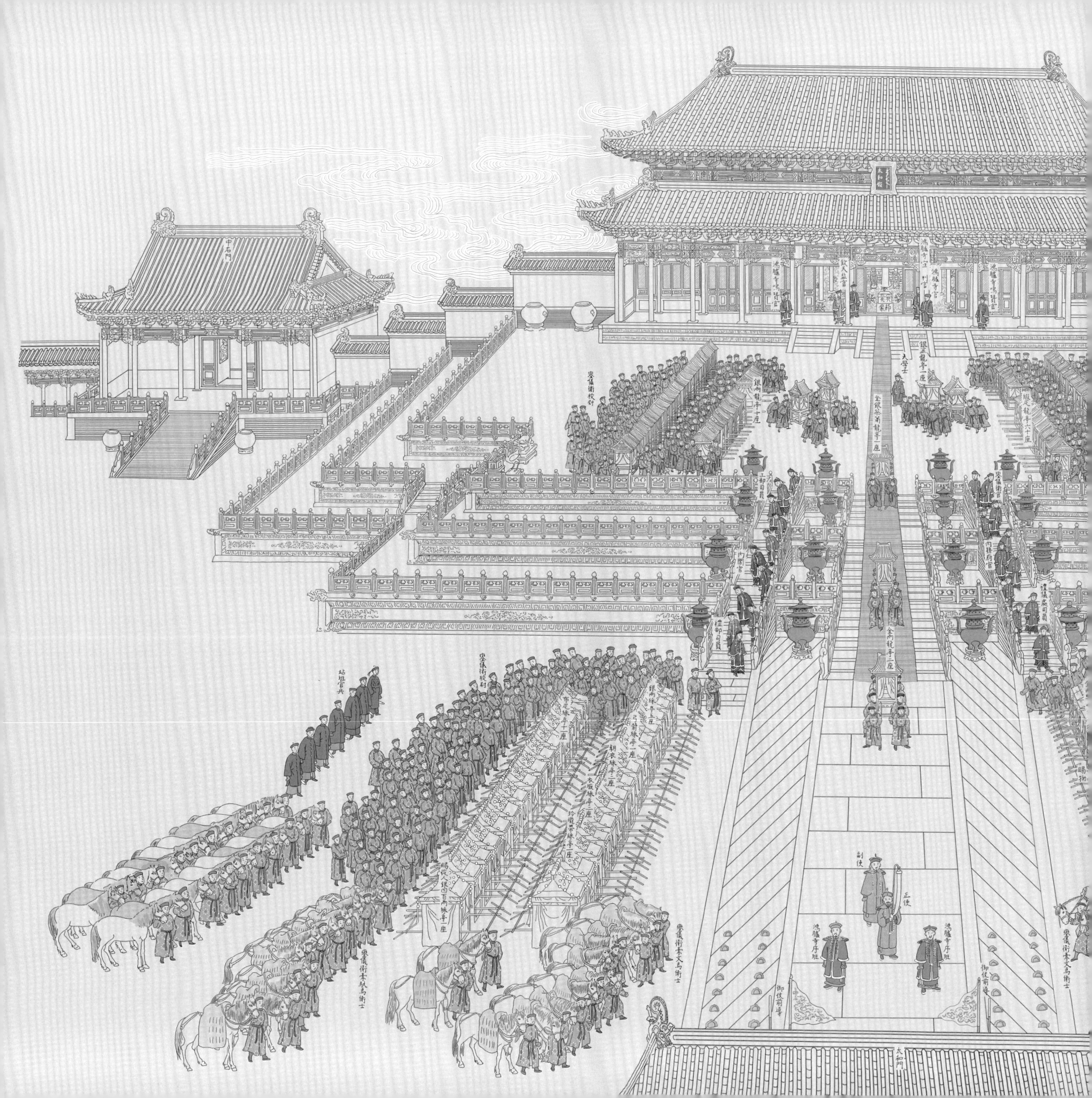

中右門
鴻臚寺鳴贊官
欽天監官
鴻臚寺宣判官
鴻臚寺官
鴻臚寺鳴贊官
節案
大學士
銀盆龍亭一座
布疋綵亭十一座
銀兩綵亭五座
弓箭綵亭一座
朝衣綵亭二座
衣服綵亭二座
玲瓏帶綵亭一座
副使
正使
鴻臚寺序班
鴻臚寺序班
御仗前導
鑾儀衛索文馬衛士
太和門

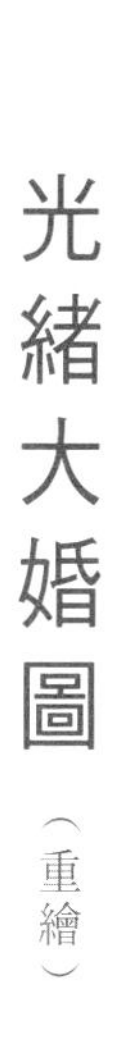

光緒大婚圖

（重繪）

是清廷少有的隆重婚禮場面，圖中所見為太和殿廣場的部分，儀仗鹵簿隊伍一路伸延至天安門以外，花費至鉅，此後朝廷已再無財力（也無機會）作同類型的慶典。

此畫相信是宮廷內不熟悉建築的畫家手筆，大殿兩旁並沒有通往後二殿的門，丹陛陳列的大鼎（欠二個）及吉祥缸（銅水缸）的數目不符，是否經過改動，且待專家考證。

其中一組「站班官兵」並無配刀，應該是無心之失，但多少也反映出晚清時期，已沒有清初宮庭規制那樣嚴謹。

太和殿上原本滿漢文並列的匾額，在袁世凱稱帝時曾被除下，袁倒台後已無法尋回，改為今天只有漢文的匾額。

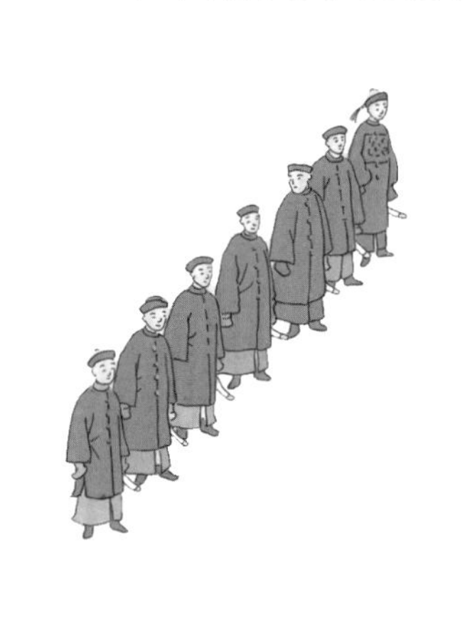

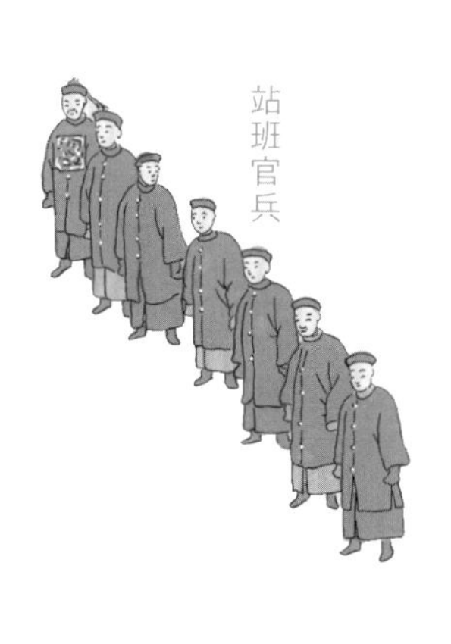

外朝格局

廣場的中軸線是以往帝皇才可以使用的御道。在外朝宮區的東西兩側同時又各有一組宮殿，東面是文華殿，西面是武英殿。各自形成一條較短的軸線，作為主軸的左右陪襯，同時又與太和殿形成一個等腰三角形。在佈局上具有著國家穩定，帝業萬年的象徵，也顯示出外朝寬大開揚的氣魄。

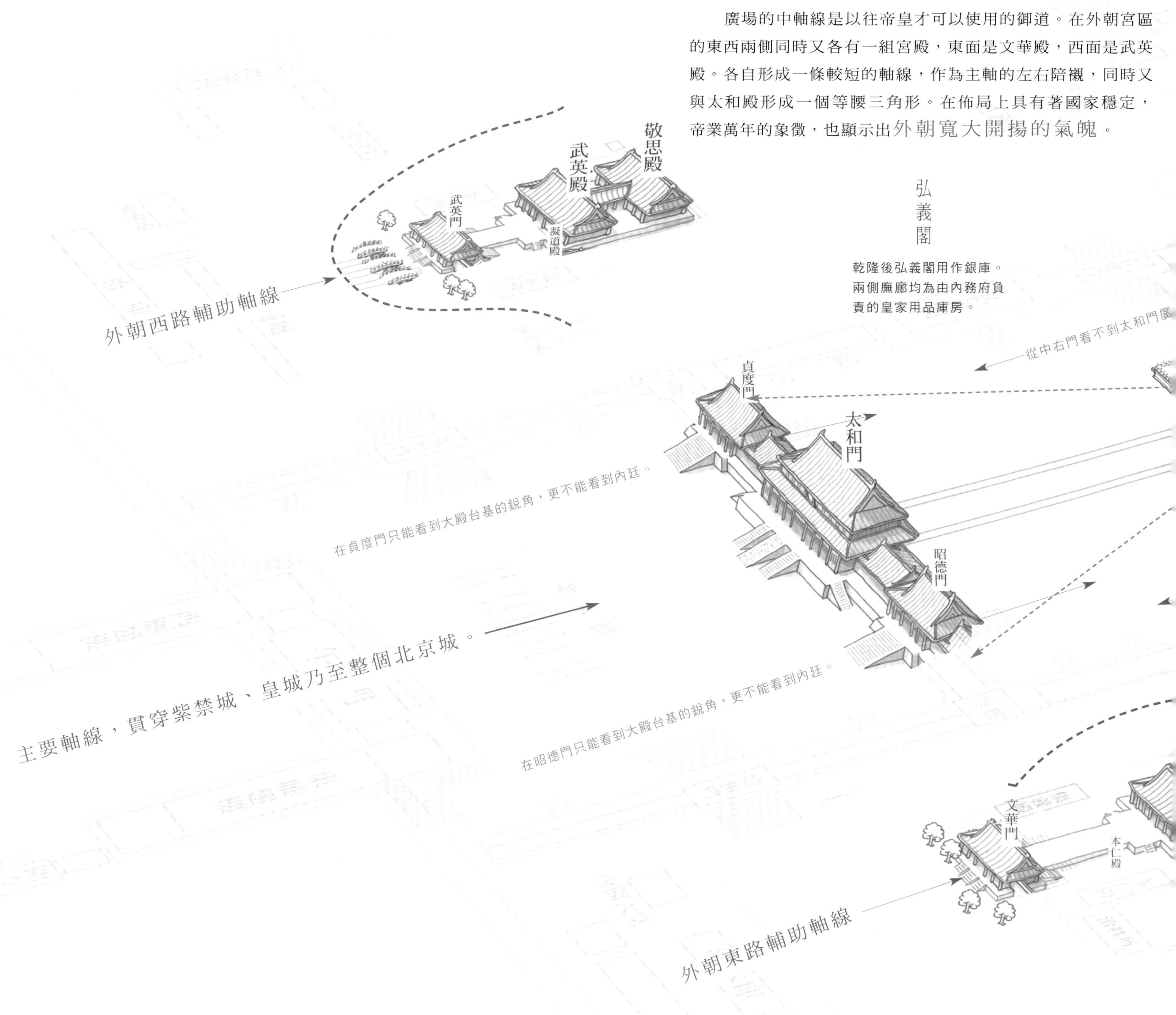

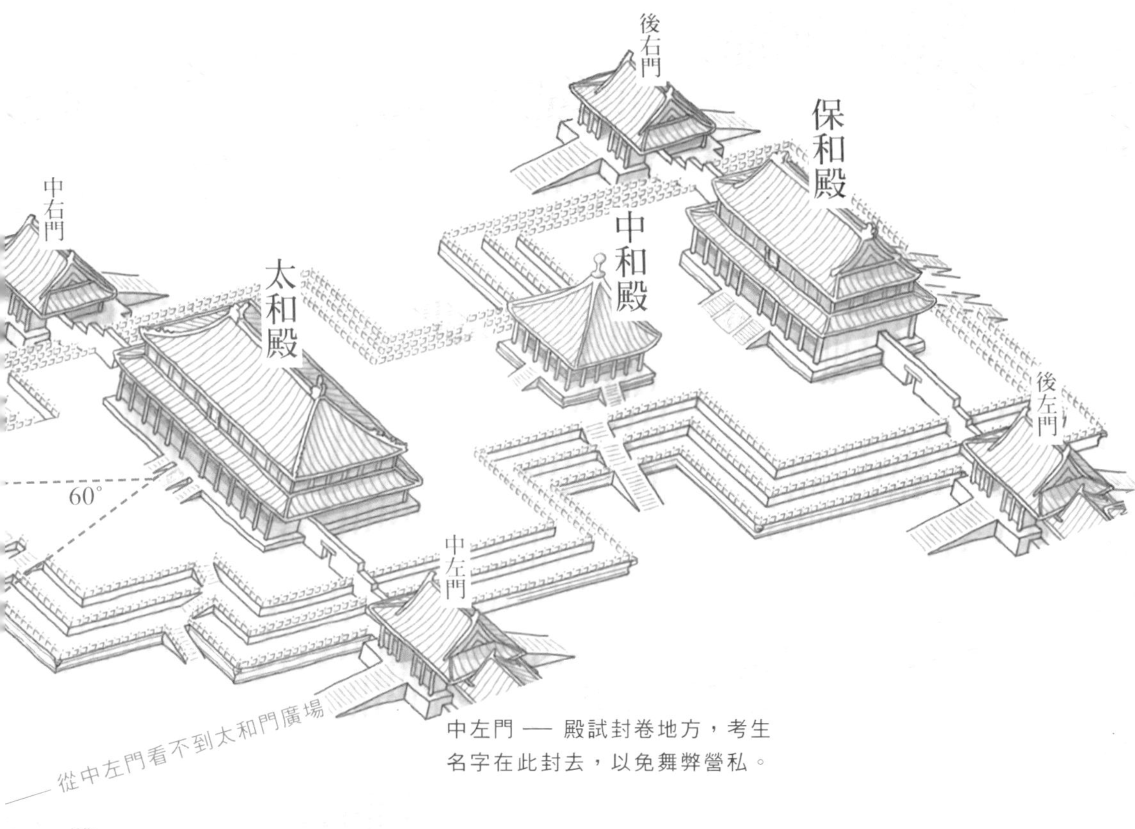

中左門 —— 殿試封卷地方，考生名字在此封去，以免舞弊營私。

體仁閣

清朝初年（康熙雍正兩朝）招安明代學者的「博學鴻詞」考試在體仁閣舉行，各地舉薦的人才在此接受皇帝親試，中鵠者多授翰林，編修明史。乾隆之後體仁閣用作珍寶儲藏。

文淵閣

乾隆三十七年下令編纂的四庫全書收藏於此

主敬殿

金水河從禁城西北流入，東南而出（在前面我們已欣賞過河道在太和門廣場的精巧佈置）。而在流經東西兩路文華、武英殿時，卻有意地分作殿前及殿後兩種方式處理。專家的說法是文華殿在初建時乃太子正殿（故在裝飾上亦未現龍身，在明嘉靖十五年才換上黃瓦成為皇帝進行經筵的便殿），故此河道便從後繞過，以示本殿級別是在正朝以外。而武英殿則曾作皇帝視事之所，河流便從殿前而過。

兩座配殿左文右武，合起來就是一個「太極」圖式，也許是另有深意。

只有最高級的庭院才會四面設門，外朝的幾進院落便是重門遞進，而且除中軸上重要的門外，都刻意地佈置到沒有兩道門在進深上是相對的。這種偏差，令到在每一道門站班的待衛，或上朝的官員都不可能動輒窺看到前面宮門之後的境況。

此舉可能關乎風水禁忌，也正因如此，不論防守的侍衛或上朝的官員都只能有限度地看到屬於他們級別的視野。

再說王土居中，太和殿廣場北面的台基便是天下間最巨大的土字（面積26,000平方米），大到在任何一個庭院都只能看到它的部分筆劃的三層白玉台階，上面矗立著宮城裡最龐大的宮殿。

大殿地平以上通高35.05米，加上鴟吻捲尾為37.44米，而台基地平以下的地基深度又達幾十米之深，上下幾十米的數字在當初是否另有玄機，尚是個謎。然厚重的地基已足以令到台上的幾座宮殿在歷次地震中都安穩無恙。皇帝至尊，處於天人交界，而交界的核心便是太和殿。天子人王就在無論哪一個方向都似乎是在中央的中央垂拱而治，俯看眾官朝北拱拜，眺望我們曾經越過的太和門。

三大殿台基的高度幾達（又未及）四周廡廊的檐懸水平，致令大殿雄踞在上，四周廡廊皆匍伏在下，又戰戰兢兢地仰望主殿威儀。

威儀，既來自天授君權的傳統意識，也來自宮殿本自的卓越裝飾。

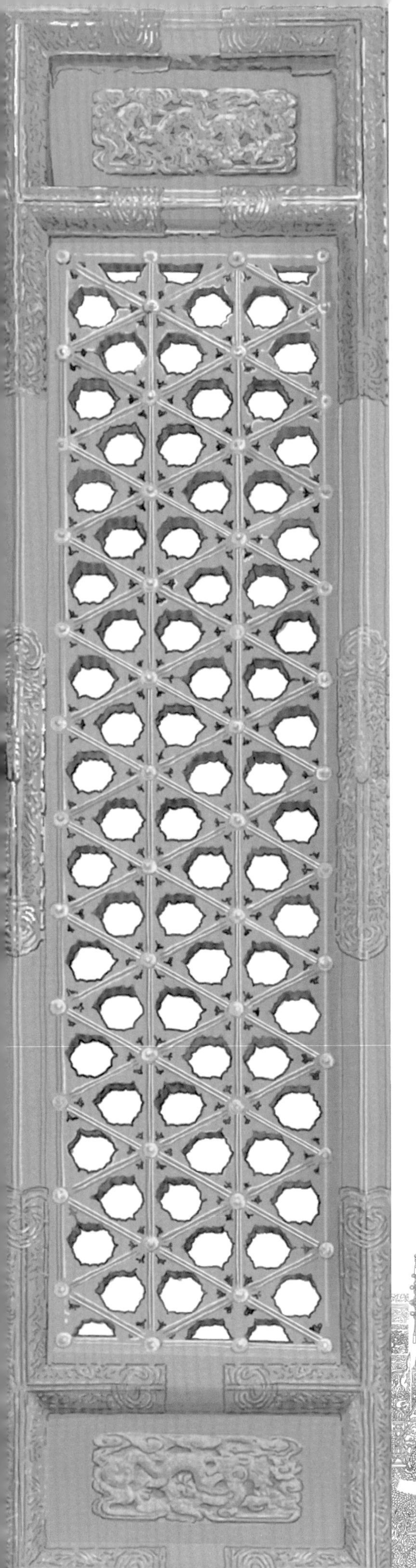

從太和殿看 **宮殿裝飾**

皇上比馬戲團的馴獸師還要了得，日夕與幾十，甚至幾百頭動物共同生活。這裡有一幅明代孝宗皇帝穿著朝服的畫像，沒有出鏡的不算，總共有五十六條龍（加上皇上自己便是五十七條）。

歷代帝王的畫像幾乎都是一個模樣，都要大家一眼便看出這是皇帝的模樣。

明代孝宗皇帝

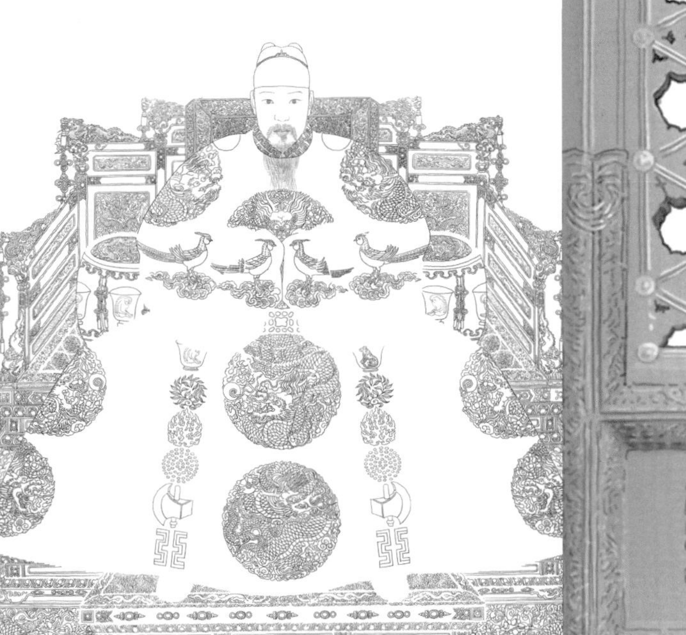

太和殿就有一萬三千四百三十三條各式各樣的龍，再加屋檐下椽子頭上畫的龍眼珠，就不計其數了！

再說，龍的形象是由好幾種動物湊合而成的，一旦「還原」，怕有幾十萬之數！通通都為皇帝一人而設，或者說通通都是皇帝的裝飾。

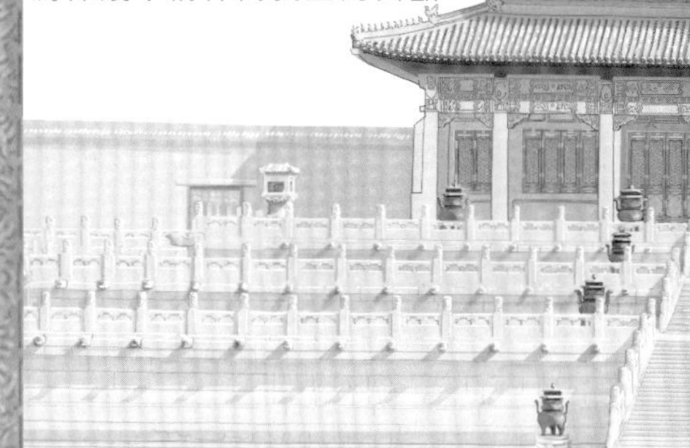

裝飾被視為藝術，大概是始於十八世紀產業革命之後所帶來的機械製造問題（純粹的裝飾是否美麗）；裝飾與藝術分家似乎也是在差不多同樣的時間開始（純粹的裝飾是否藝術）。

傳統中國人視裝飾的本義為「文（紋）飾」，是文化發展的一個自然現象。紋飾固然不等同文化，但足可以反映出一個民族的喜惡；裝飾縱然不能完全表現一個民族的信仰，但可流露出她的性格。

文過飾非，是掩飾內容的過失或蒼白，不是好事，在裝飾上也是下策。

傳統中國裝飾技術亦與藝術講求的「真、善、美」一致。「真」是物理（材料）的認識，「善」是功能（包括道德）的發揮，而成就「真、善」所得到的觀賞價值和身心愉悅便是「美」了。

這樣的例子在紫禁城中十分多，而且繁簡兼備，明孝宗的畫像便是繁複至極的典型例子。

正吻，高3.4米，重8,594斤，折合4.3噸

金龍和璽彩畫

皇帝總得要有皇帝的陣容，龍越多，皇帝的成分就越大（人的成分就越少），正如宮城中軸線上的主要宮殿越輝煌，應用和居住的機會就越少。宮殿最高級的窗叫做三交六椀菱花窗，裝飾技術最高，透光程度也最低（只有二分一的透光度）。就是為了此窗非比尋常，實乃太和殿的窗。

清高宗乾隆皇帝

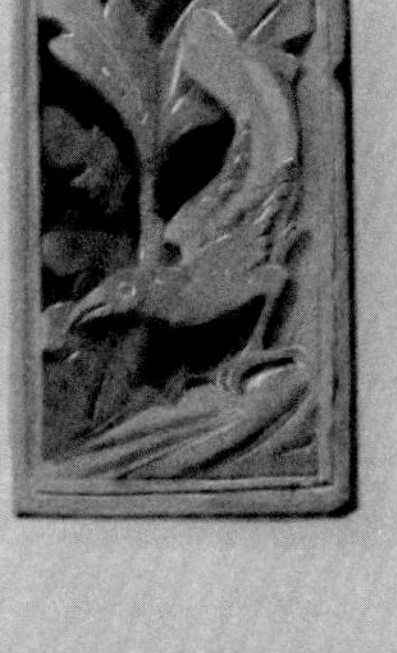

透風樸素簡單

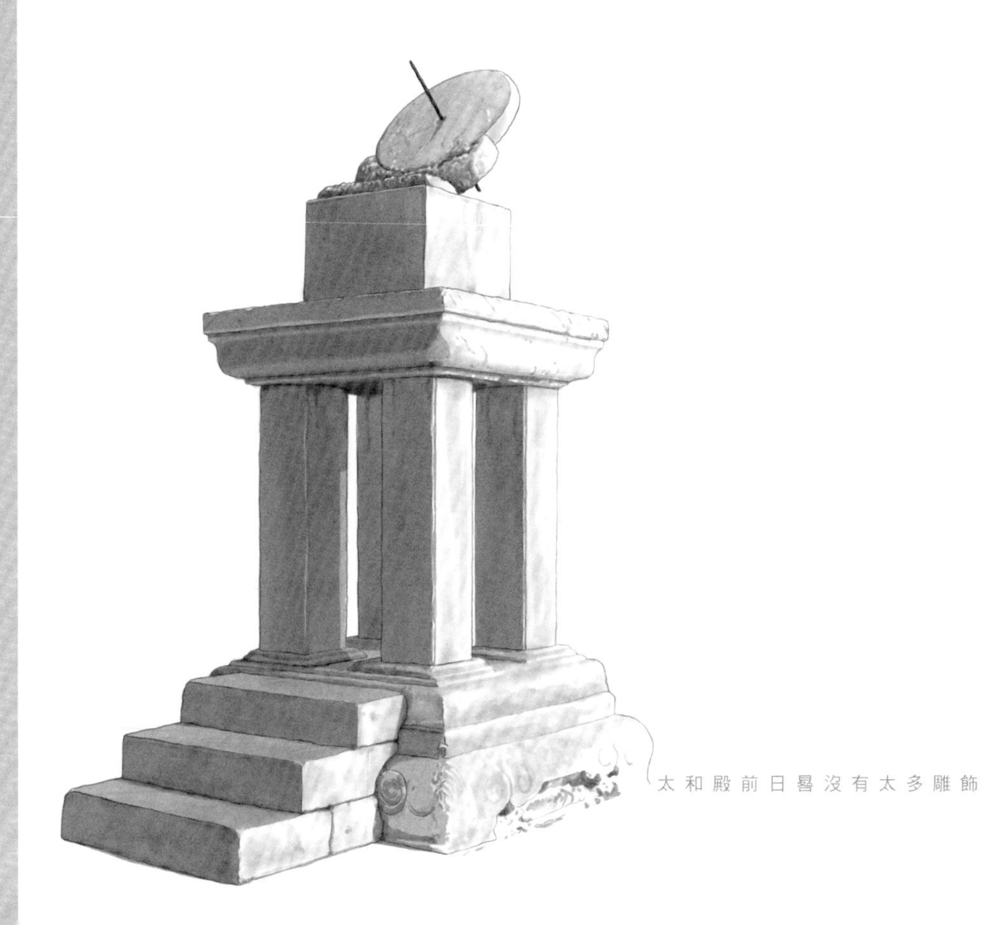

太和殿前日晷沒有太多雕飾

最高級的殿脊有九隻瑞獸（只有太和殿是十隻），然後按級別遞減。

太和殿的正吻

行什

傳為雷震子，手持寶杵防雷。相信是工匠編例書時因距離太遠，為免出錯，故以「排行第拾」名之，是僅見於太和殿的孤例。

斗牛

能吞雲吐霧（氣吞斗牛），守護宮殿。

獬豸

剛勇正直，能辨是非。遇說謊奸詐之徒，即以角撞之無赦，故又常於衙門值班。

押魚

魚獸混合的吉祥動物

狻猊

專吃虎豹的猛獸（與天馬、海馬同被視為龍種所化）

海馬

海中瑞獸，奮勇力強。

天馬

日行千里的神獸（天馬行空！）

獅子

獸中之王，一聲吼叫即百獸趨避。也是佛教護法。

鳳

百鳥之王，無寶不落，有鳳來儀，大吉之兆。

龍

入水能游、出水能飛，百靈中最尊貴。易經曰：飛龍在天。飛躍之前遊走地上的為蟠龍。

仙人

據說是東周時代的齊閔王，被燕國名將樂毅所敗，四處躲藏，最後逃到屋脊這裡。正苦於走頭無路之際，忽見神鳳出現，齊閔王得以跨鳳乘雲而去。很有檐角雖盡，前有生天的意思。

如此類推，此磚非磚，乃耗工一百三十天的金磚；此畫非畫，只有皇帝登基，視朝理政的殿宇才會出現的金龍和璽彩畫。

紫禁城主要宮殿內所鋪設最高級的地磚，產於蘇州，製作工序非常複雜。首先要選取優質泥土，加水不斷踩踏搗練成漿，然後澄漿製坯，陰乾入窰。先用草糠慢薰三十日，繼而用片柴燒三十日，再以乾柴燒三十日，最後用松枝燒四十日，總共燒煉一百三十日。出窰後進行坎磨（高級的地面及牆壁需要磨磚對縫，務令外層平滑無間）。鋪設時更需浸以桐油，令磚塊溫潤光澤。這種磚，做價昂貴，且敲之時發出恍若清脆的金屬聲，故名金磚。一說是為京城特製而名「京磚」。

東路寧壽宮區內養性殿前的日晷，精緻玲瓏。

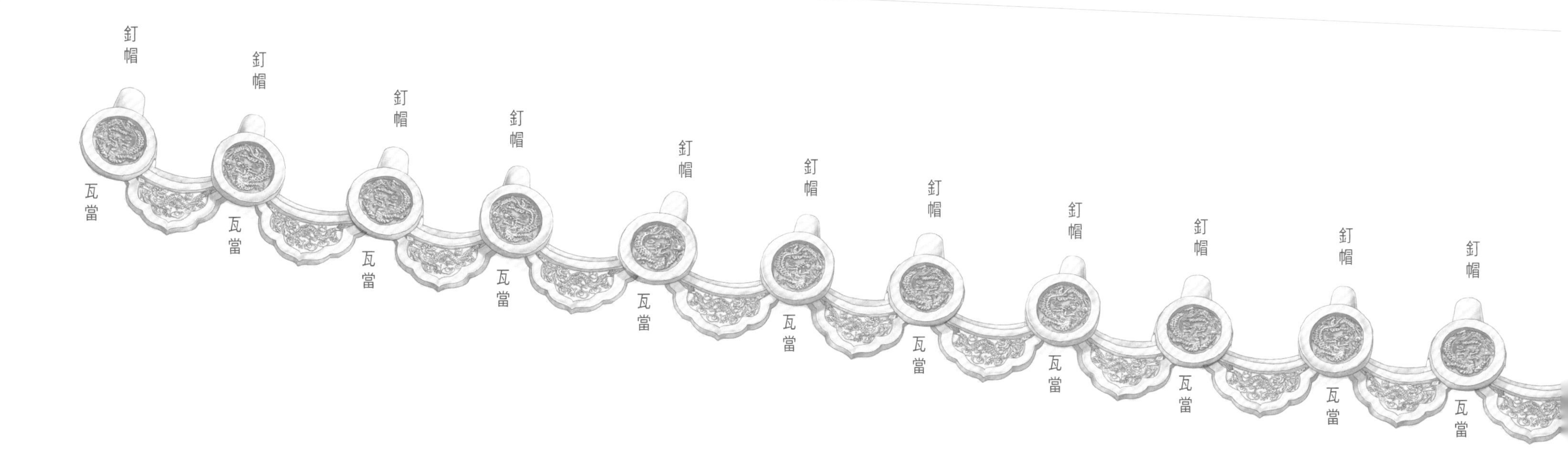

此外，屋頂上因防雨水滲漏及加固屋脊的吻獸和順著垂脊排列出的脊獸、增強防水的琉璃瓦作、阻擋瓦件滑落的瓦當、瓦當上面的釘帽、每一行瓦片前端的如意形滴水。為保護木構件而安上的檐下套獸，令到巨大的屋檐下不至太陰暗的彩畫，最初的作用也是防濕防蟲（顏料有毒！）的保護層。門眉上的門簪是支撐兩邊門軸的橫木的加固大木釘帽，每扇大門上由釘牢門版夾木發展出來的門釘，上面的鋪首是傳說中龍的兒子，性格好禁閉的椒圖，開關上鎖和扣門都要靠它的門環等等，都是既要具備實際功能又要顧及尊卑等級的裝飾。

皇帝宮殿的門最大，使用門釘最多，演變成九行九列（八十一顆）的最高規格。

原來瓦作的覆件，一一站起來變成屋脊上的珍禽神獸，毫不費力地將幾條巨大的垂脊牢固，也守護著宮殿的主人。在古代，大家不會說「搬」，而是說「請」；更不會說「擺放」，而是說「供奉」，在以前，它們全都有生命。

從結構上，為防殿角柱往外走閃而伸出緊緊卡牢的巨形榫頭，自然非霸王拳莫能勝任。而屋檐下的斗拱層一直都是支撐屋頂的重要構件，是大式木作最明顯的特徵，經宋代發展出的廳堂結構，屋頂重量由部分柱框分擔，到明清再加上兩邊山牆及後壁的支承，斗拱除了支撐出檐的功能外，不再成為主要的負重構件，而是重要建築的辨識。

三層漢白玉台階（本身就是將整座木構建築物從潮濕的地平抬高的設計）上的欄杆，豎立的一千四百五十三根望柱，四時陰晴都有不同的動人光影。欄板尋杖上又是細緻的雕飾，四周一千一百四十二個排水口，爬出噴水龍頭（螭首），變成「大雨如白練，小雨如冰柱」的景象。

接下去還有一些屬於既擁有盡情裝飾的權力卻又盡量克制的裝飾。例如樸素的紅柱，柱礎只是應用最簡單的覆盤，淨色的紅牆，牆上的透風（供夾牆內的木柱疏氣的通風口），若在南方盛行磚雕泥塑的地區，恐怕早已轟轟烈烈地「大幹一番」，在宮廷裡卻只僅僅用上一塊細小的磚雕。

內向的椒圖

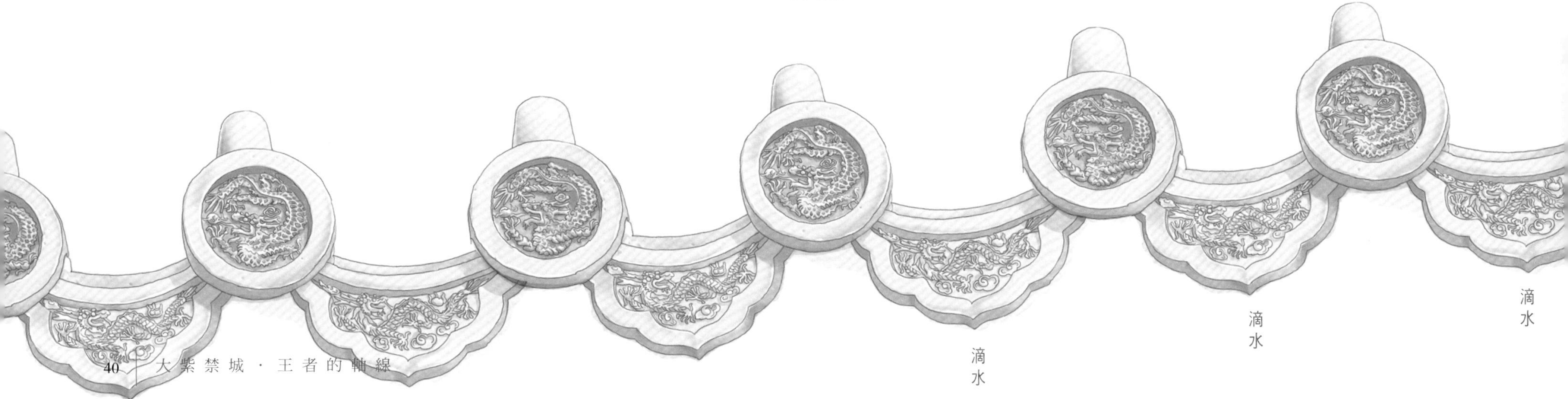

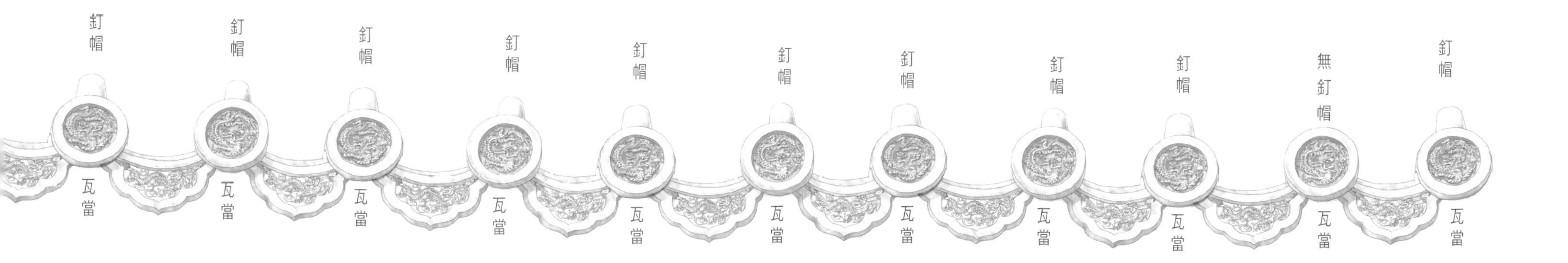

再看大殿屋頂正脊上兩個用十三塊琉璃構件組成的巨大正吻，高3.4米，重3,650公斤。是照顧四個龐大的屋頂坡面最重要的接合點，連釘在背上的匕首也是功能上的需要（契入大樁加固）。明清帝王在起造宮殿時，特別重視這神物。在製造完成時必派出重臣到窰廠恭迎，舉行焚香跪拜的重大儀式。完全符合「越是隆重的儀式，越是要百姓留下朕即天下的深刻記憶」。

太和殿全國最大，兩個正吻當然也最大，可在例書中卻是位列「二樣瓦」。第「一樣」存而不編，第「十樣」編而不存，沒有最小，也沒有最大，尊如帝王也不例外。

這方面已不屬於裝飾範圍，卻涉及裝飾心態，很有「甚麼都可以時，且留一點餘地」的味道。

（有關傳統中國建築裝飾部分請參閱拙作《不只中國木建築》 香港三聯書店）

內向的椒圖

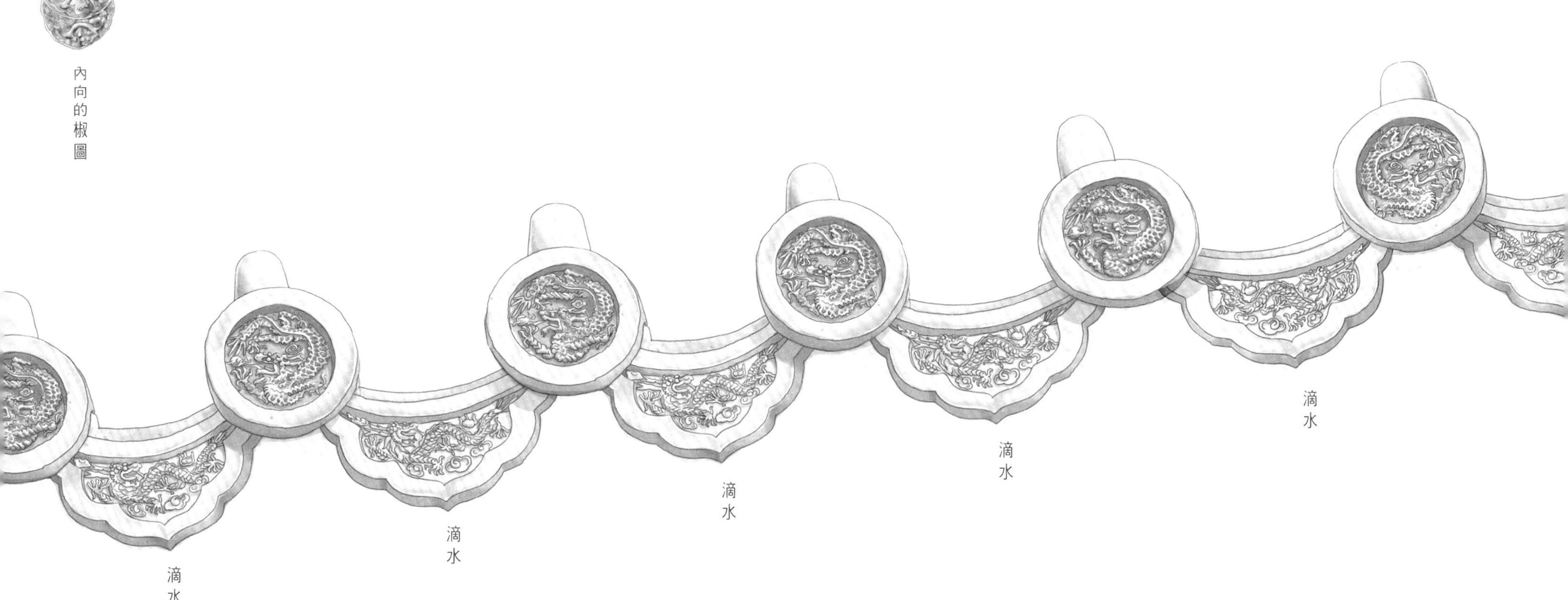

禮儀的伴奏

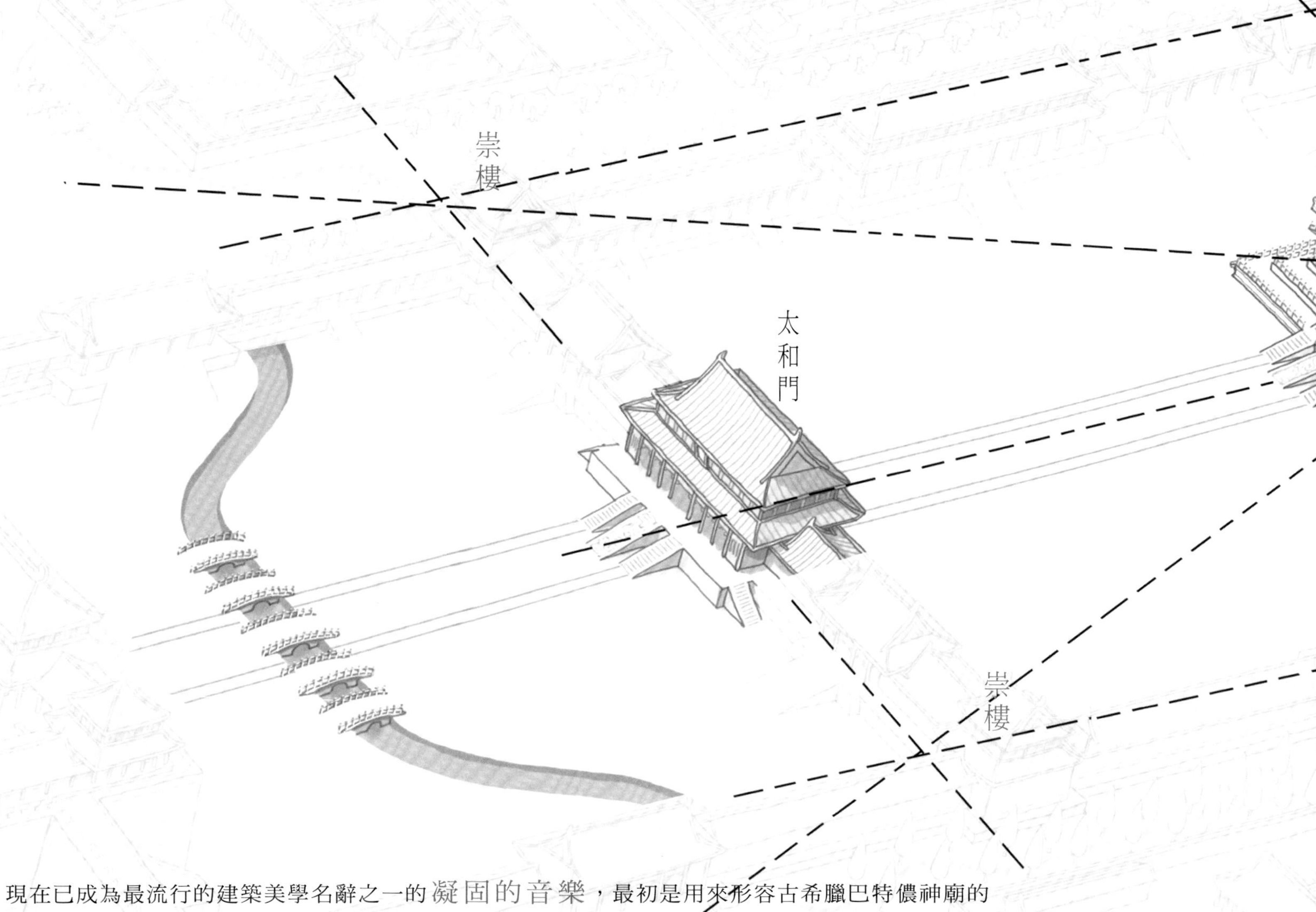

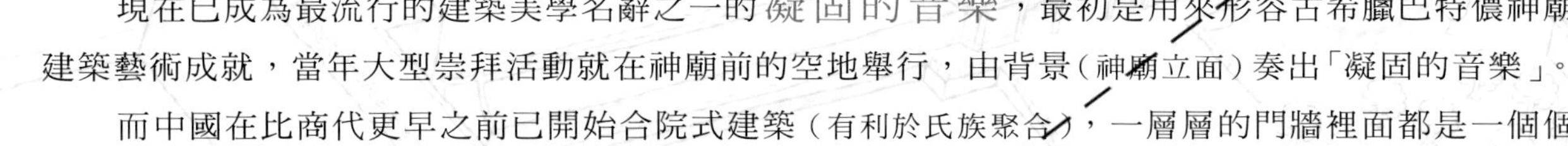

現在已成為最流行的建築美學名辭之一的凝固的音樂，最初是用來形容古希臘巴特儂神廟的建築藝術成就，當年大型崇拜活動就在神廟前的空地舉行，由背景（神廟立面）奏出「凝固的音樂」。

而中國在比商代更早之前已開始合院式建築（有利於氏族聚合），一層層的門牆裡面都是一個個的天空，走到最核心的主屋（在皇宮裡是主殿），在最隆重的人工結構上蓋最隆重的屋頂，然後告訴大家，這個把天空隔開的屋頂中央，便是通往蒼天之路。說來有點累贅，令大家相信看得見的天空不及看不見的天空的便是儀式。傳統中國建築是「立體的儀式」，「凝固的音樂」來自一座建築的內部，且是儀式的伴奏，儀式的精神是「禮儀」。

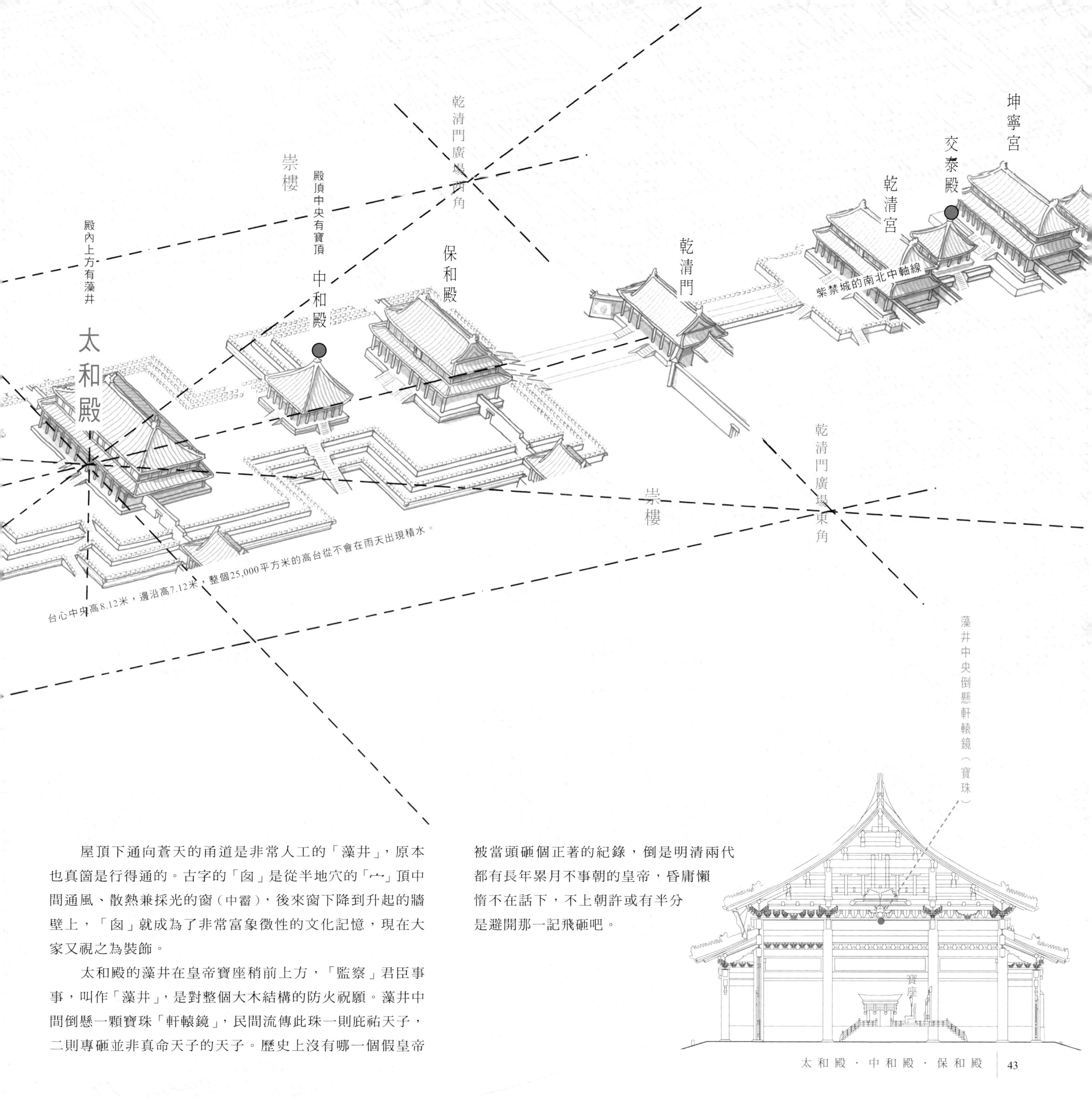

屋頂下通向蒼天的甬道是非常人工的「藻井」，原本也真箇是行得通的。古字的「囪」是從半地穴的「宀」頂中間通風、散熱兼採光的窗（中霤），後來窗下降到升起的牆壁上，「囪」就成為了非常富象徵性的文化記憶，現在大家又視之為裝飾。

太和殿的藻井在皇帝寶座稍前上方，「監察」君臣事事，叫作「藻井」，是對整個大木結構的防火祝願。藻井中間倒懸一顆寶珠「軒轅鏡」，民間流傳此珠一則庇祐天子，二則專砸並非真命天子的天子。歷史上沒有哪一個假皇帝被當頭砸個正著的紀錄，倒是明清兩代都有長年累月不事朝的皇帝，昏庸懶惰不在話下，不上朝許或有半分是避開那一記飛砸吧。

寶珠越屋頂而出，迎著藍天白雲發揮更大的宇宙意義，叫做「寶頂」，是方形或圓形攢尖屋頂的結構中最重要也最吃力的收束。屋頂是否滲漏雨水就靠這寶頂加披。寶頂由一條短柱支撐著（整個屋頂的框架層便是逐漸聚合到這短柱上），叫作「雷公柱」。寶頂容易遭受雷電襲擊，請「雷公」在此，下邊再來一條「太平枋」，就是要相安無事。

我們說的是三台上的第二座宮殿——**中和殿**。訪客每因「長途跋涉」加上剛經過雄偉的太和殿轉進來，而輕易放過這座體積不大的殿宇。

三大殿以太和為首，中和殿、保和殿緊接相連，一般都稱為金鑾寶殿。是傳統中國建築的最高典範，以群組大於單元的中國建築概念來看，未嘗不可以將三大殿視為「一座」金鑾寶殿。每逢太和殿舉行大朝會之前，皇帝都會先到中和殿接受高級官員行禮。及在出宮祭祖、祀孔、藉田等活動之前先在此審閱祝版。如此，中和殿就好像各種朝儀的後台或預備空間。換句話說，沒有中和殿的存在，任何典儀活動將不可能完滿進行。

中和殿 作為中心點

稍加留意，大家便可察覺到中和殿東西兩邊的階級踏步並沒有與三台的梯階相對成一直線，原因是中和及保和兩殿在清代曾經稍向後移。（殿旁階級並不對正殿的開間，但亦因為經過調整，殿前空間也變得更開闊。）

即使如此，這座平面呈 ⊠ 形的宮殿在這一進的庭院中仍然大約處於中央的位置，是個典型的「中置」式佈置（這種佈局在中國並不罕見，但在西方則更為流行）。讓人可以在四方八面環繞著主體建築觀看，成為一個獨立自足的「雕塑式」（Sculptural）的結構單元。較特殊的是中和殿是屬於四角攢尖的型制，西面都是通透的隔扇，大大減少了它的封閉性，殿宇看上去像一頂華麗的亭屋，如傳統的「穿堂之制」。它在明代初建的名稱是華蓋殿，一頂漂亮的帽子。在前後兩殿巨大的屋頂坡面中間冉冉升起一顆明珠，還是湧起一滴金黃的水點，就看大家喜歡怎樣想像了！

四面對稱的立面含蓄地將前後殿劃分成兩個不同性質的行政區。參看紫禁城的地圖，更可以發覺從中和殿回溯剛進入午門的金水橋，同等距離往北量度便是御花園的入口。在中軸這一段，首尾都是「有機的、流動的」元素（明代金水河更栽種著荷花），中間並無任何草木。有一說是基於保安理由（以免歹人利用樹木作掩護）；另一種說法幾乎成為通論，便是五行相剋的原因，「黃土居中」，破土而出的草木自得嚴加控制。

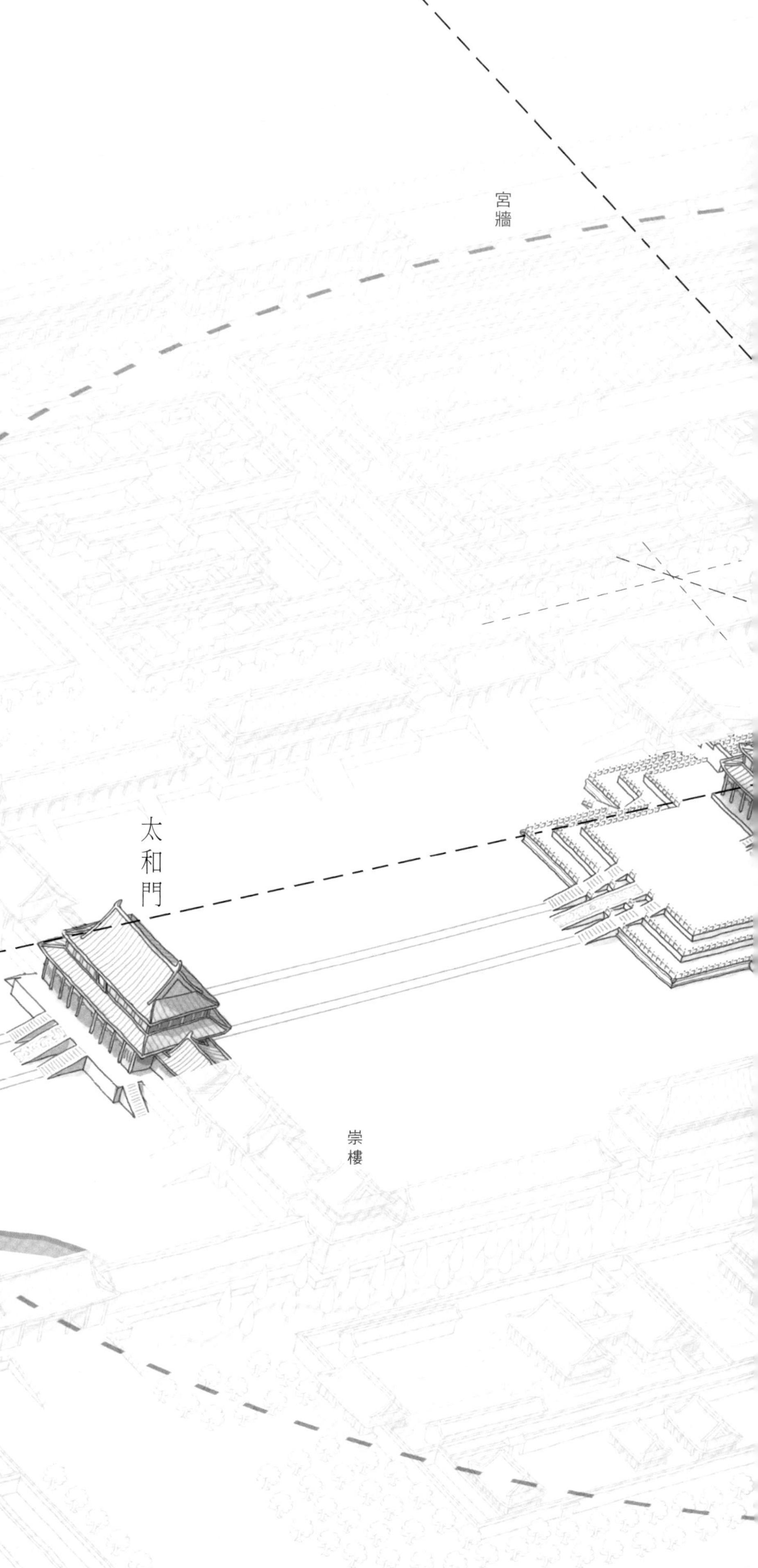

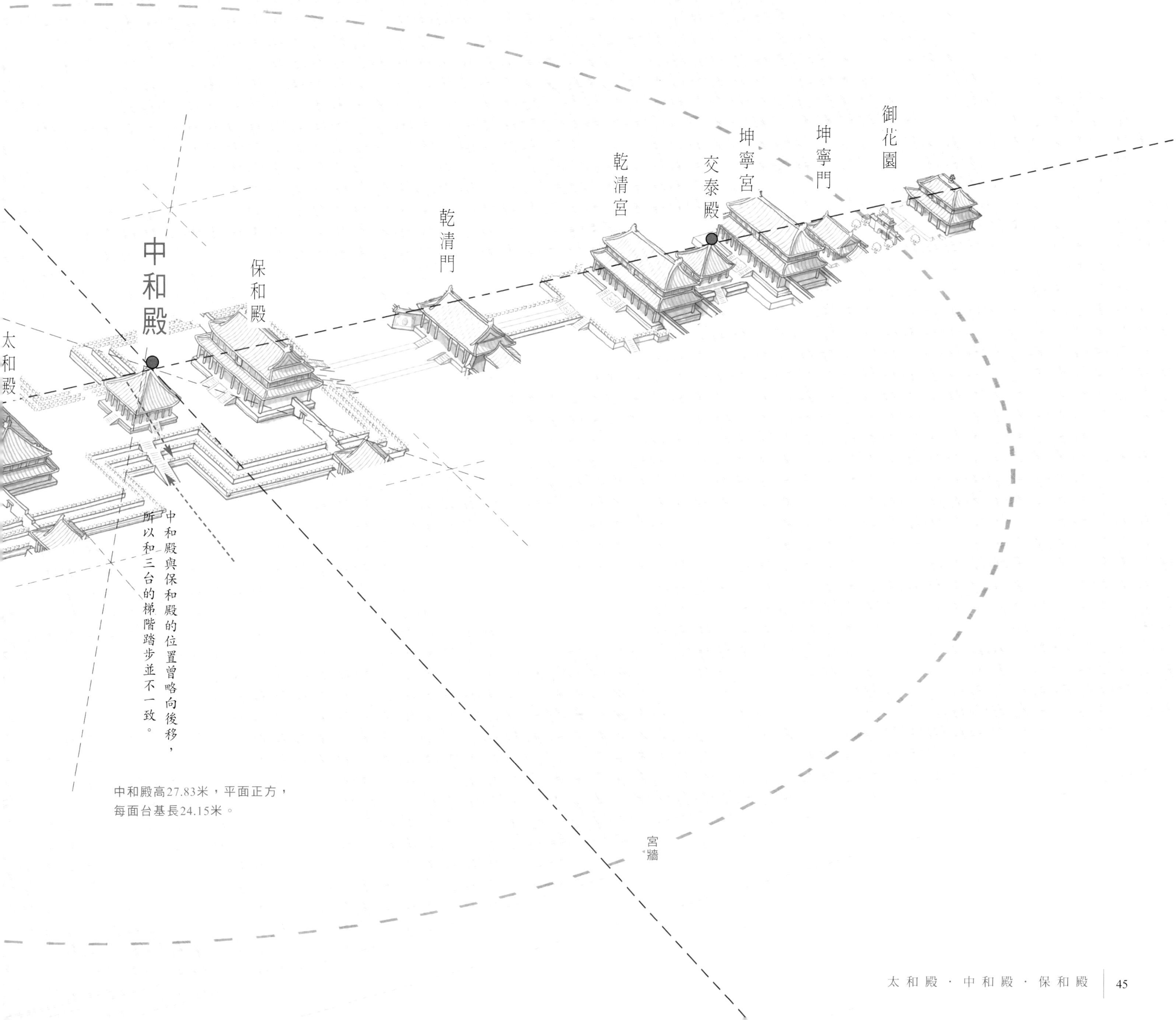

太和殿

中和殿

保和殿

乾清門

乾清宮

交泰殿

坤寧宮

坤寧門

御花園

中和殿與保和殿的位置曾略向後移，所以和三台的梯階踏步並不一致。

中和殿高27.83米，平面正方，每面台基長24.15米。

宮牆

保和殿

明初建時名為謹身殿，嘉靖四十三年（1564）重建改稱建極殿，入清後改名保和殿。

典禮儀式往往與吃的關係密切，三大殿除了用作典禮性的施政活動之外，還有的便是大宴群臣。筵席常設於保和殿，此殿採取了木作結構中的減柱法，中堂特別寬敞，是舉行宴會的理想地方。

據記載明代嘉靖年間，膳房廚役多達四千一百人，可想皇家飲宴規模之大。保和殿這裡多按節令、壽辰，賜宴藩王、親王及文武大臣，家宴則在內廷宮殿舉行。

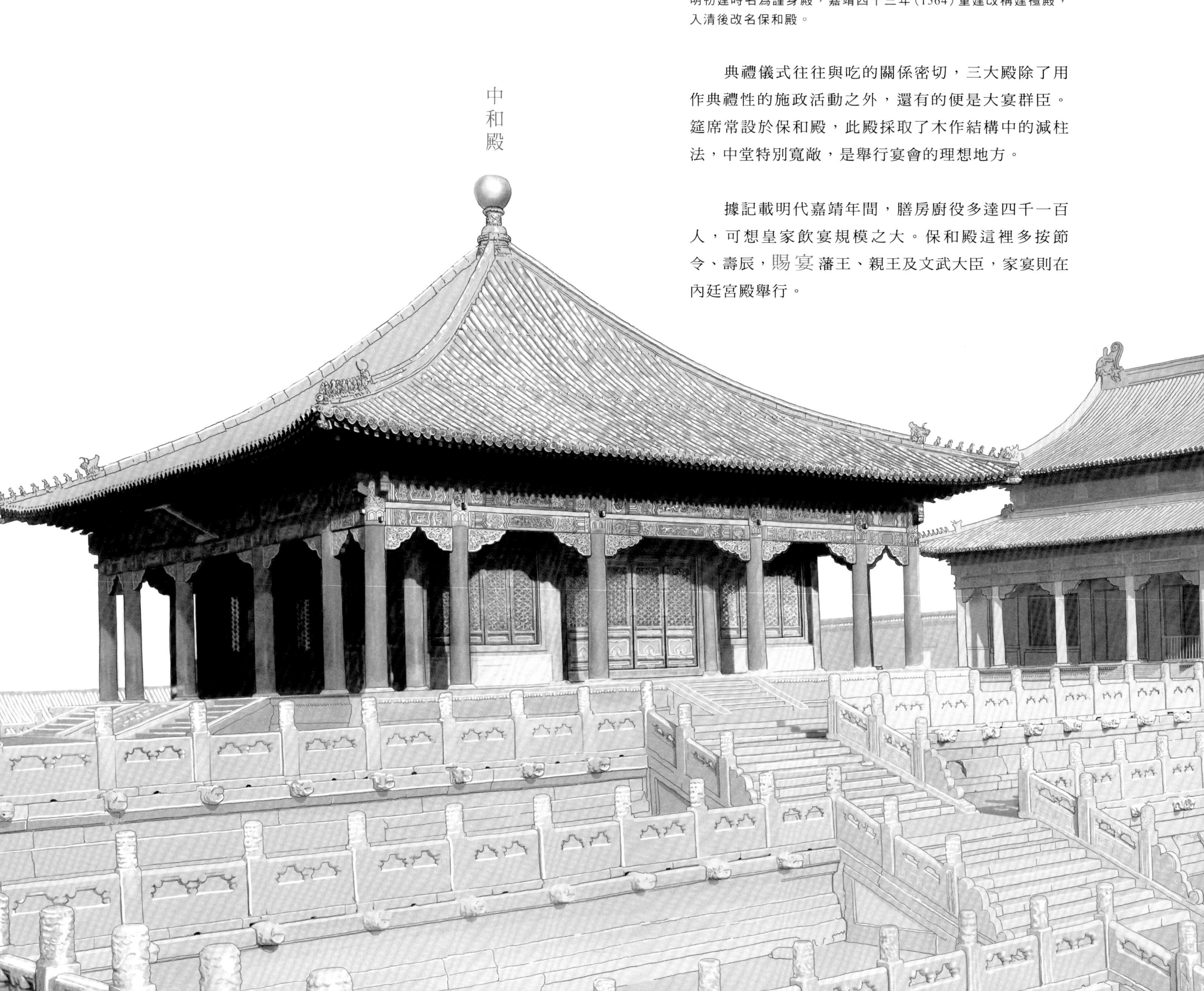

保和殿

乾隆五十五年(1790)之後，朝廷選拔科舉的最高級考試(殿試)亦從太和殿改在保和殿舉行。中國古代讀書風氣盛行，考試制度在隋唐時代已具相當規模，除特殊情況(戰亂、外族入侵之初)，基本上沒有間斷過，教育制度直至清初仍然領先其他國家。清代一般考試的等級可以分為：

童生 —— 不分年齡，凡未獲國家正式學校學生資格者。
秀才 —— 縣級考試合格。
舉人 —— 獲秀才資格然後參加三年一度的省級鄉試合格者。
舉人已在國家官僚編制中，可受俸祿。
貢士 —— 舉人參加三年一次的京城會試中式。
在秋季舉行，又名秋闈。
殿試 —— 貢士自動獲得參加來春在皇宮內金鑾寶殿
舉行的最高考試資格，又名春闈。

殿試過程大約如下：

清代試期一般在四月二十一日舉行，貢士身穿朝服(入宮規定)從午門左右掖門隨鴻臚寺及禮部官員進入紫禁城，到保和殿丹陛前等候殿內儀式完畢，然後進入殿內應考，於日落之前交卷。

試卷即送太和殿旁中左門，由專責官員彌封(封上試卷連同名字，以防作弊)，再裝箱送往午門內朝房由讀卷大臣用兩天審閱。

讀卷大臣在第三天凌晨將最優秀的十份考卷送呈皇帝，由皇帝親自選出最後三甲，分別是大家都熟悉的狀元、榜眼、探花。

三名榮登一甲的新科狀元謝恩之後，在春風吹拂中，得意地從午門中間的門洞出宮。

中央考取進士：
一甲為「進士及第」，照例只有三名：狀元、榜眼、探花
二甲為「賜進士及第」
三甲為「賜同進士及第」

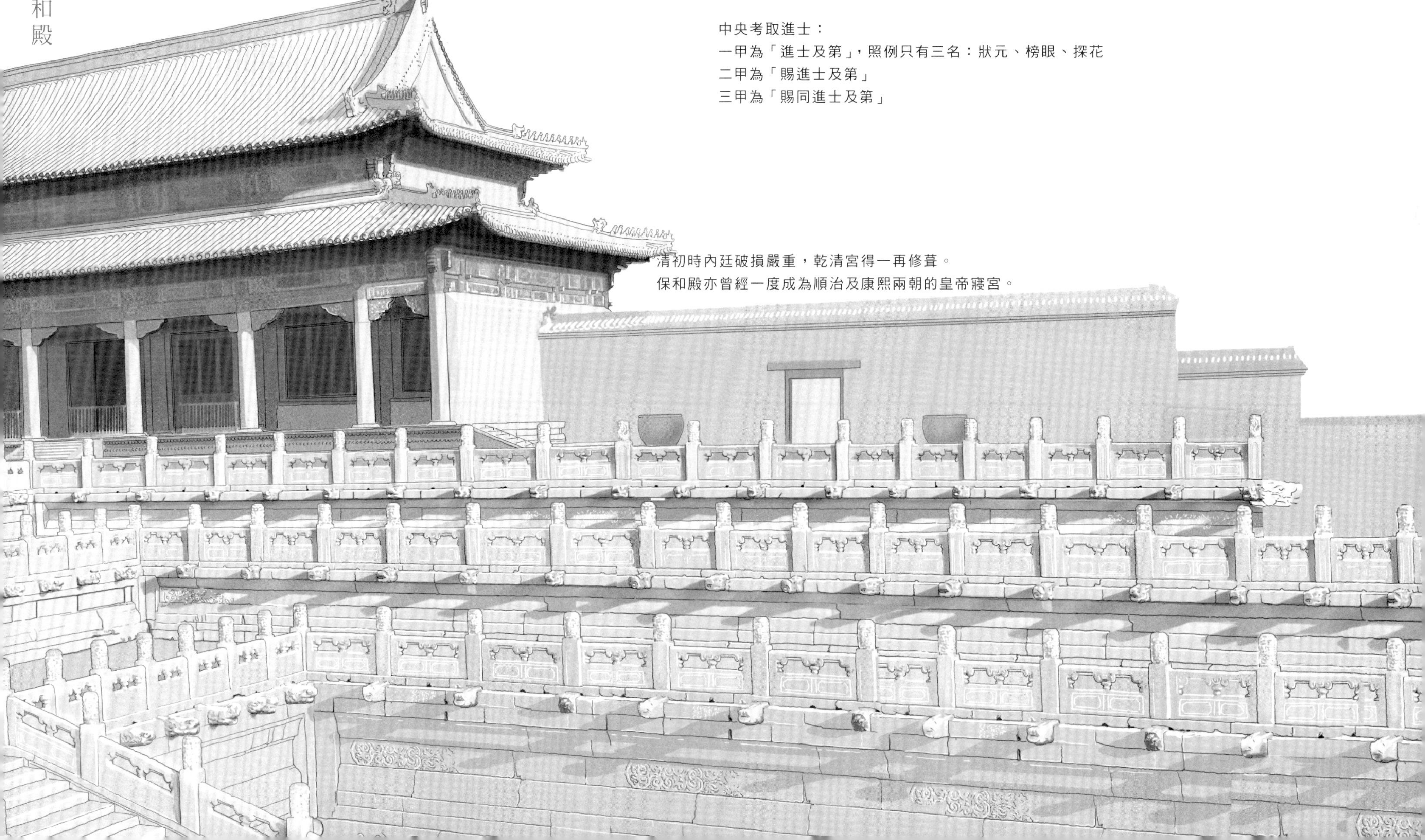

清初時內廷破損嚴重，乾清宮得一再修葺。
保和殿亦曾經一度成為順治及康熙兩朝的皇帝寢宮。

天空下的三大殿

中和殿寶頂分件

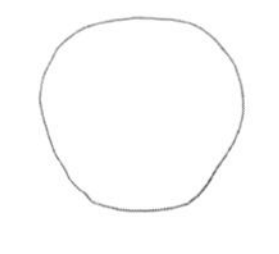
銅制鎏金頂珠

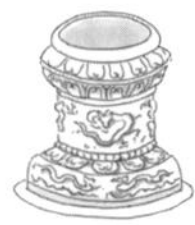
銅制鎏金基座

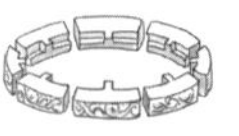
上枋

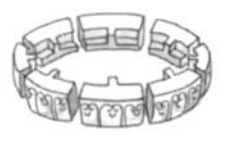
上梟

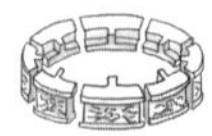
束腰

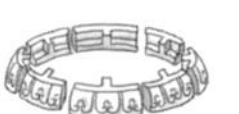
下梟

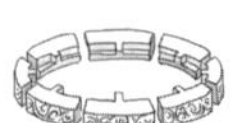
下枋

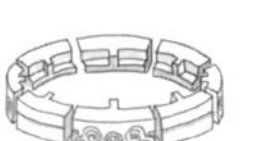
圭角

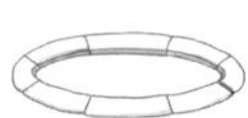
壓當條

在高度上帶著一種恍似魚龍起伏的馬蹄形節奏

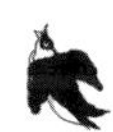

三大殿佔據著大中軸上最重要的位置，所在的院落以絕對對稱的方式來象徵著皇權永固。為首的太和殿（約建於十七世紀末，清代早期重建）完全依據著最尊貴的型制處理，結構嚴謹規整，殿內排列著七十二根巨大木柱，為天子至尊的威儀佈防。

保和殿（建於約十七世紀初，明代中後期）則採取了宋代《營造法式》中的「減柱」手段，在厚重的樑架結構中減去殿前中央的六根木柱，在絲毫不影響殿宇的整體結構底下創造更大空間，表現十分出色。

三大殿在平面上是兩個矩形中間一個較小的四方形

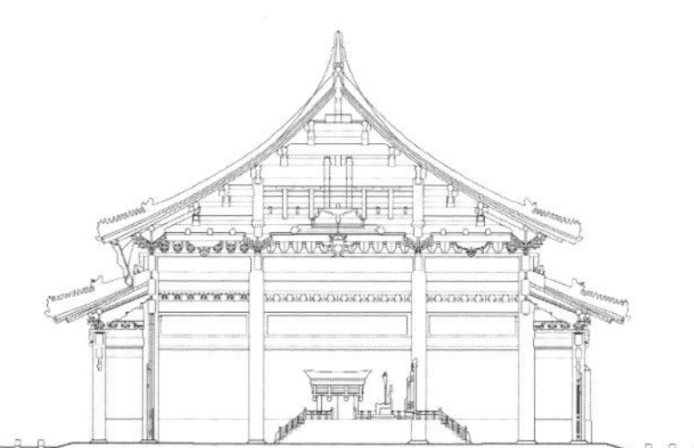

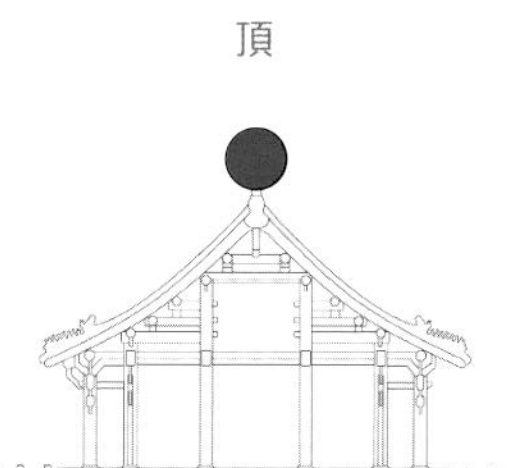

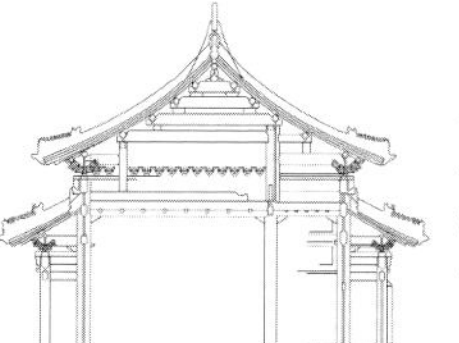

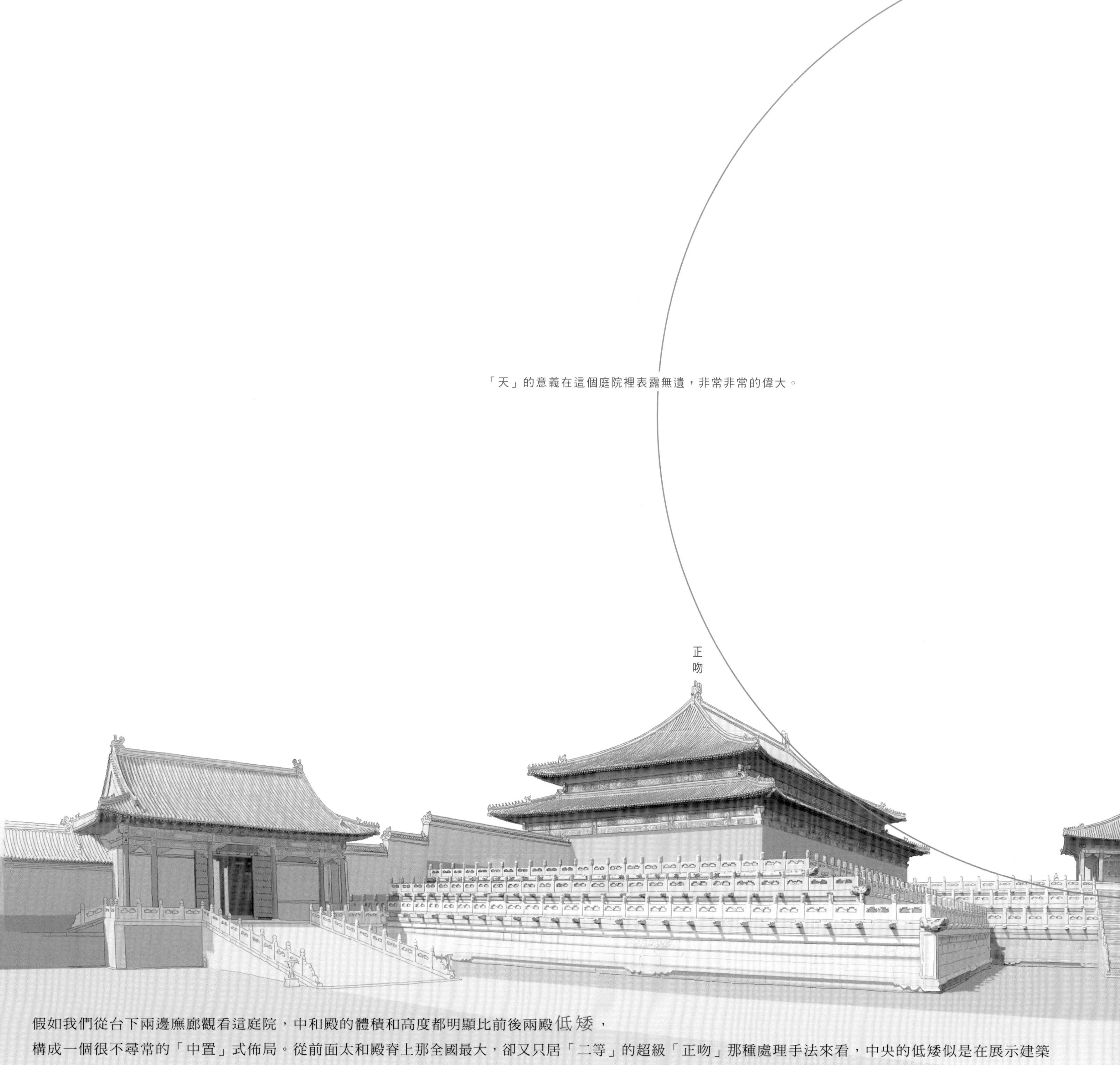

假如我們從台下兩邊廡廊觀看這庭院，中和殿的體積和高度都明顯比前後兩殿低矮，
構成一個很不尋常的「中置」式佈局。從前面太和殿脊上那全國最大，卻又只居「二等」的超級「正吻」那種處理手法來看，中央的低矮似是在展示建築的真正崇高並不在其本身，而是在於空間。的確，三大殿的屋頂似是統攝在一個看不見的空間節奏裡。值得再留意的是台階下的廡廊走道，都是侍臣行

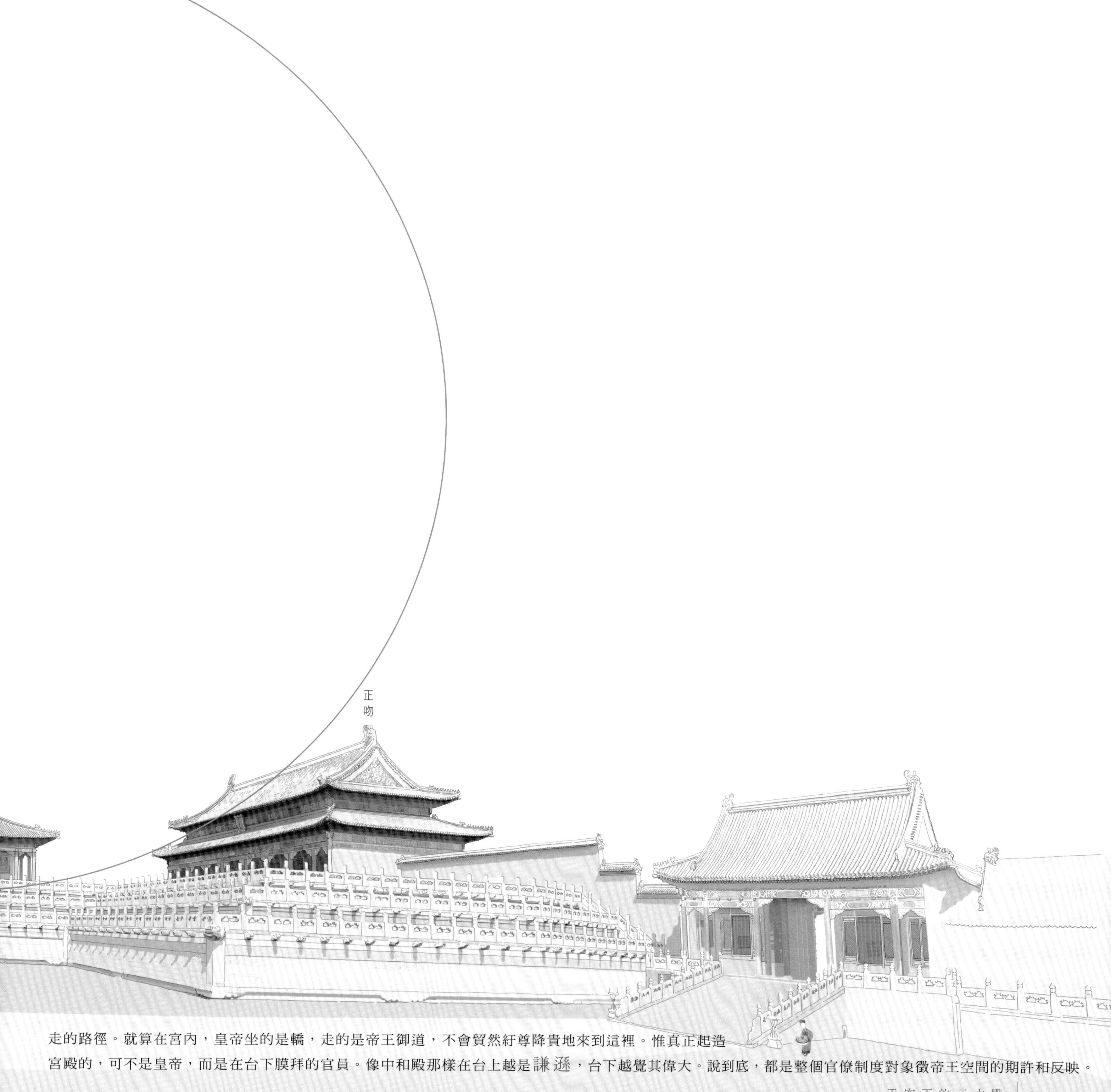

走的路徑。就算在宮內，皇帝坐的是轎，走的是帝王御道，不會貿然紆尊降貴地來到這裡。惟真正起造宮殿的，可不是皇帝，而是在台下膜拜的官員。像中和殿那樣在台上越是謙遜，台下越覺其偉大。說到底，都是整個官僚制度對象徵帝王空間的期許和反映。

再看 台上太和殿

西方人說最先將美麗變成數據的是古希臘人（古埃及人一定不會同意），企圖將一切美麗都變成數據的是文藝復興時期的人。美麗的質和量是否等同的問題，恐怕只有身兼哲學、科學和藝術三家於一身的專家才能解答。這裡是一個缺乏實測數據的嘗試，也許每一個旅客都有一套屬於他們自己的嘗試。

中和殿的「宇宙性」景象提醒我們，三大殿幾進庭院原本就是一個以紅牆分隔開（然後又以一個巨大的台基把分開的院落重新統一）的整體。到底，這種壯麗的空間感會不會同樣統攝著太和殿這座全國第一大殿呢？就讓我們再折回太和殿廣場，看能否得到另一番的體會……

按現代視覺藝術和空間設計的理論認為，我們的眼睛在觀看事物時，除了主觀喜好及自然選擇外，還可以利用環境佈置來誘導我們的視線（常見於建築及展覽會場）。理論以「根據一件物體（或一座建築物）的高度倍數來佈置觀賞的空間規律」為基礎，簡單地說是：

一般規律

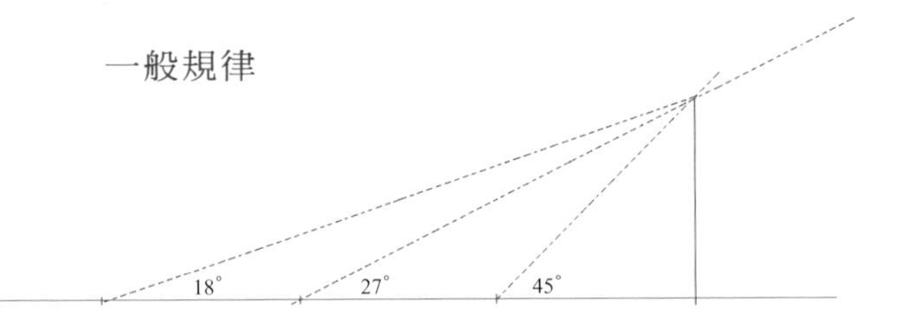

當距離是物體高度的三倍時（18°），便是觀察物體與環境關係的最佳視野（形勢）。

在兩倍的距離，則可以欣賞到對象的整體（獨立形象）。

當高度與距離的比值是1:1時，觀眾可被引導進入清晰欣賞到細部和物料質感的範圍。

放諸太和殿

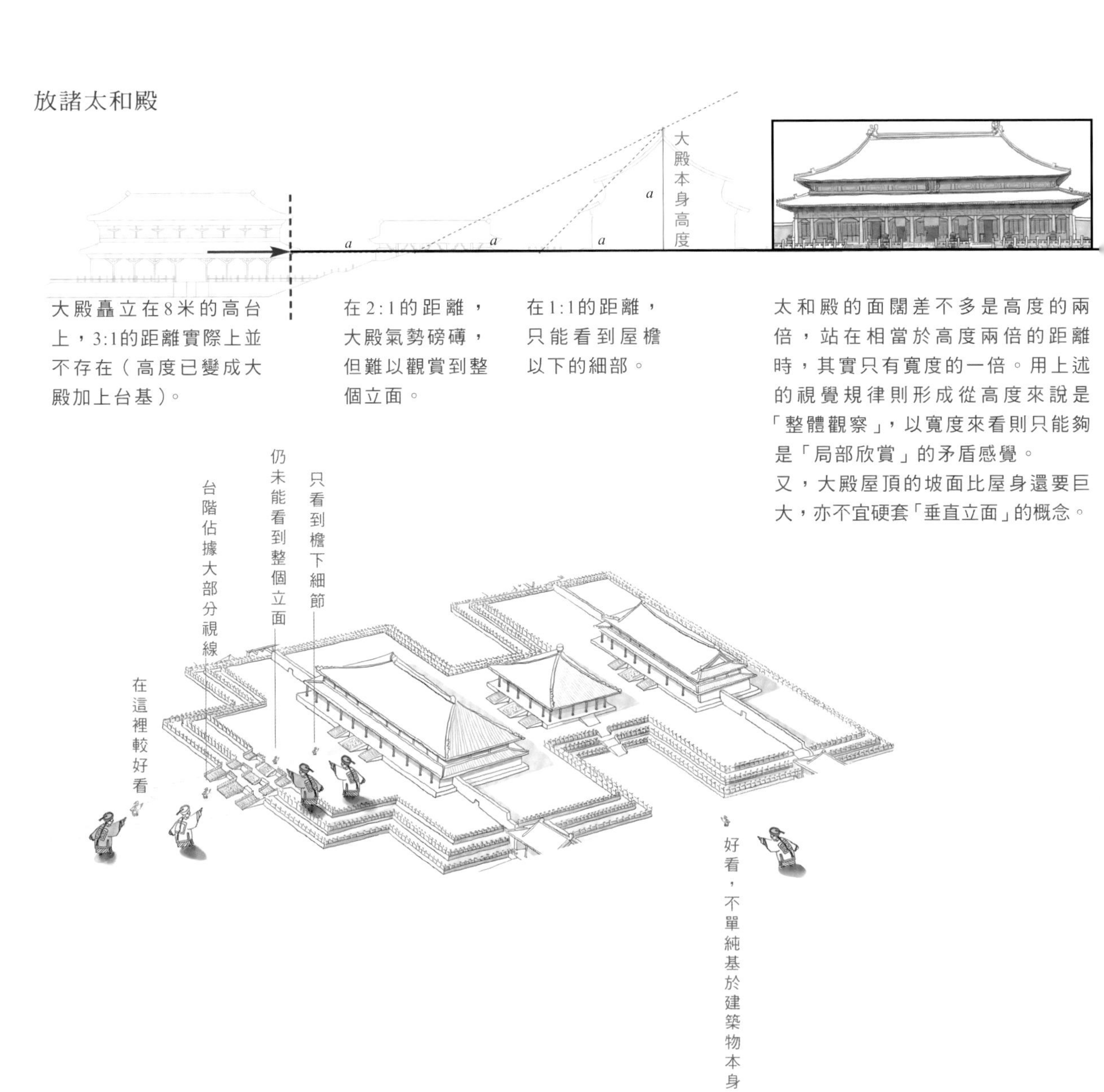

大殿矗立在8米的高台上，3:1的距離實際上並不存在（高度已變成大殿加上台基）。

在2:1的距離，大殿氣勢磅礡，但難以觀賞到整個立面。

在1:1的距離，只能看到屋檐以下的細部。

太和殿的面闊差不多是高度的兩倍，站在相當於高度兩倍的距離時，其實只有寬度的一倍。用上述的視覺規律則形成從高度來說是「整體觀察」，以寬度來看則只能夠是「局部欣賞」的矛盾感覺。

又，大殿屋頂的坡面比屋身還要巨大，亦不宜硬套「垂直立面」的概念。

說這規律是理論，不如說是一種有相當普遍意義的經驗累積。唐代流行的跪坐所做成的視覺距離，也許亦是導致書法藝術在法度上比後世嚴謹（在兩倍的距離，可以看到通篇的書體）的原因之一。只是當我們持著這種「看」法，再來到太和殿前，卻好像得不到相同的視覺印象。

例如梵蒂崗的聖伯多祿大教堂，站在廣場入口便是以約17度左右的角度看到教堂穹頂上的巨大圓球（後來十七世紀在前面加建門廊反而阻礙了整體的視覺效果）。

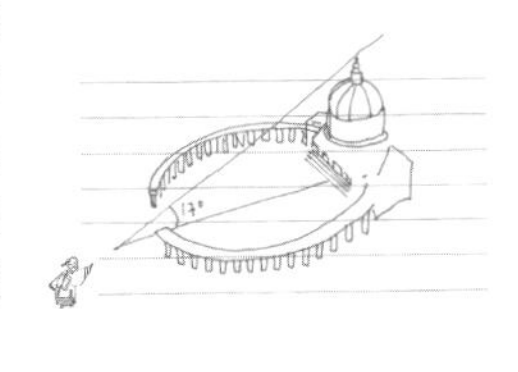

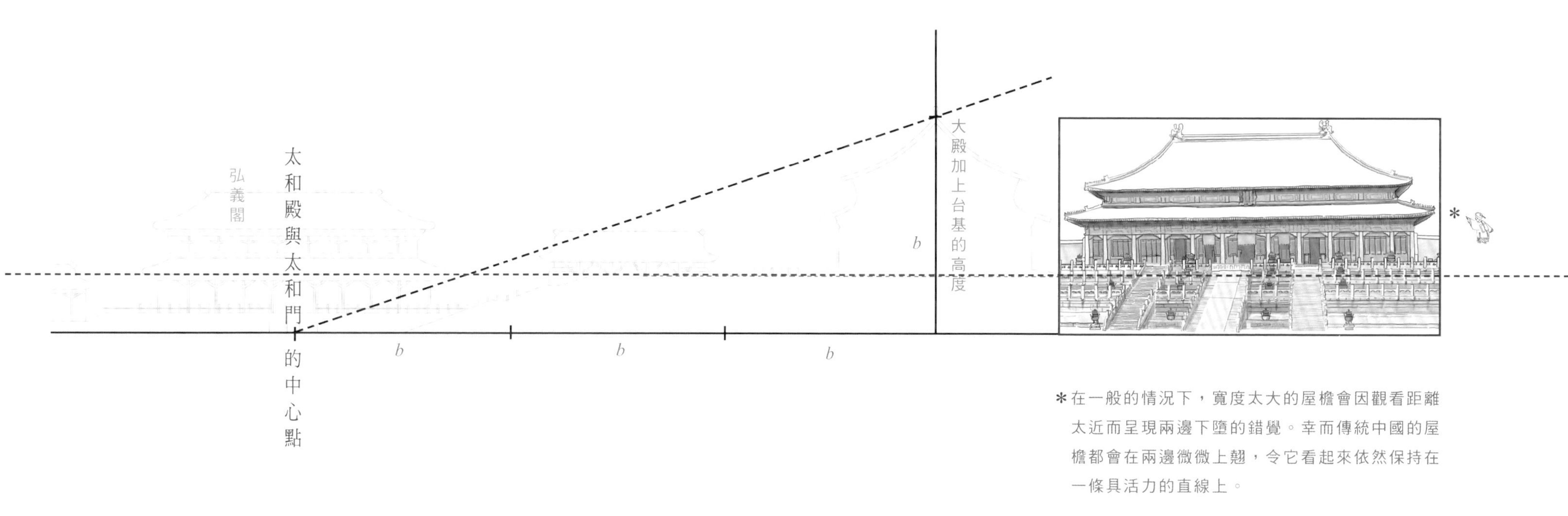

*在一般的情況下，寬度太大的屋檐會因觀看距離太近而呈現兩邊下墮的錯覺。幸而傳統中國的屋檐都會在兩邊微微上翹，令它看起來依然保持在一條具活力的直線上。

大殿 加上台基

於是，我們不妨嘗試再以大殿加上台基作為高度單位（b），在3:1的視距（很巧合，正是太和殿與太和門的中心點）觀看大殿時，主要的「畫面」已被台基佔據。

「美宮室，築高台」是傳統中國宮殿的特色，無論怎樣看，台基已然是宮殿的一個不可分割的部分。

到底是所謂的「視點分析」有錯，還是「形勢」不盡相同呢。

大殿再**加上天空**

這裡是以同樣的算式進行「欣賞」，這一次的高度依據（*c*）是來自中和殿的啟示，非常巧合，在2:1的視點也正正是太和殿前檐與太和門的中心點（體仁閣和弘義閣兩座配殿與御道的相交處，也是廣場的中心點），而3:1的距離剛好便是從太和門進入廣場之處。

其實，視覺有其自然的選擇，只要來到這個大廣場，大家都會很自然地將龐大的宮殿置於更偉大的藍天白雲底下來欣賞。然而，下一次大家來到這個外朝最重要的庭院參觀時，也不妨在太和門（*c* 高度的三倍距離）飽覽一下雄偉的太和殿在兩旁的建築陪襯下，是怎樣的一股氣勢。

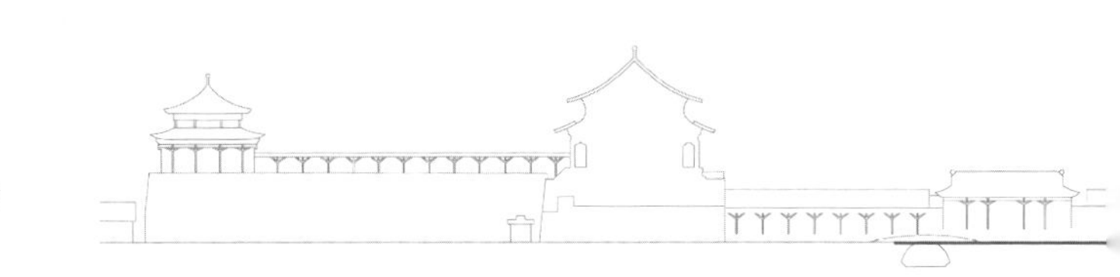

以「在兩倍的距離，可以欣賞到對象的整體」的說法，太和殿的整體美感，是包括了不可分割的台基和四季不同的天空。再往前走一步，理論上已經是進入細節欣賞的距離範圍了。

「從大明門（大清門）到萬歲山（景山）的總長度是2.5公里，而到太和殿廣場的庭院中心是1.5045公里，兩者的比值為1.5045:2.5 = 0.618，正與黃金分割線的比值相同！這足以說明中國古代建築中運用數學的嫻熟和巧妙。」

（見《中國宮殿建築論文集．紫禁城始建經略與明代建築考》
于倬雲著 紫禁城出版社）

黃金分割的比值在更大的空間藍圖上是否有特別的意義尚待研究，而傳統中國的風水理論強調的形勢（百尺為形，千尺為勢）── 用現代的說法是將單體建築物（形）控制在約35米以內，空間（勢）則以不超過350米為理想。後者亦被現代環境專家認為是「令身心愉快而又不至疲倦」的散步距離。紫禁城的中軸線上最高的建築物是午門（連城墩總高為37.95米），太和殿為35.05米，大概就是百尺的範圍。廣場寬、深也以不超過千尺（350米）為限。在中軸兩旁的建築物及廡廊一般都在30米的可見其形的距離之內。出了禁城後門（神武門），皇家御園景山也是在300米外，令人身心愉快之處。

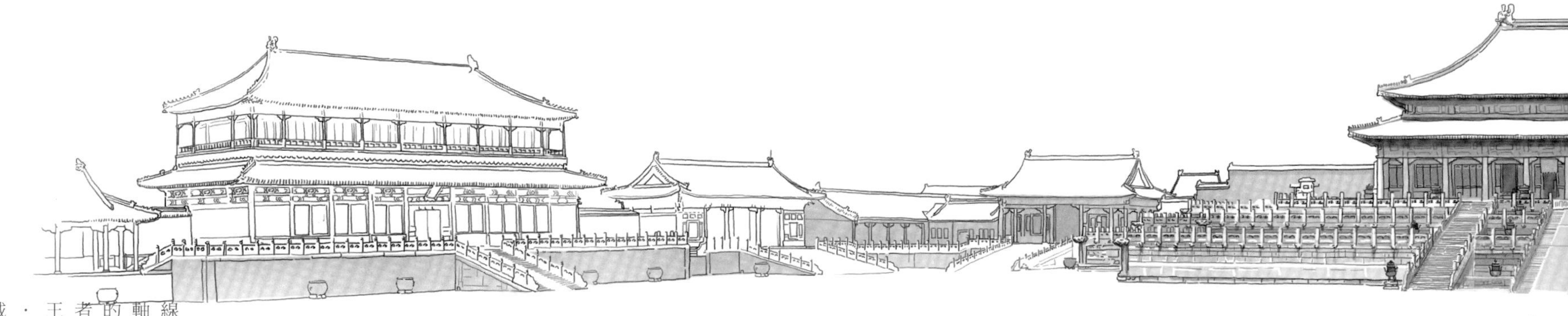

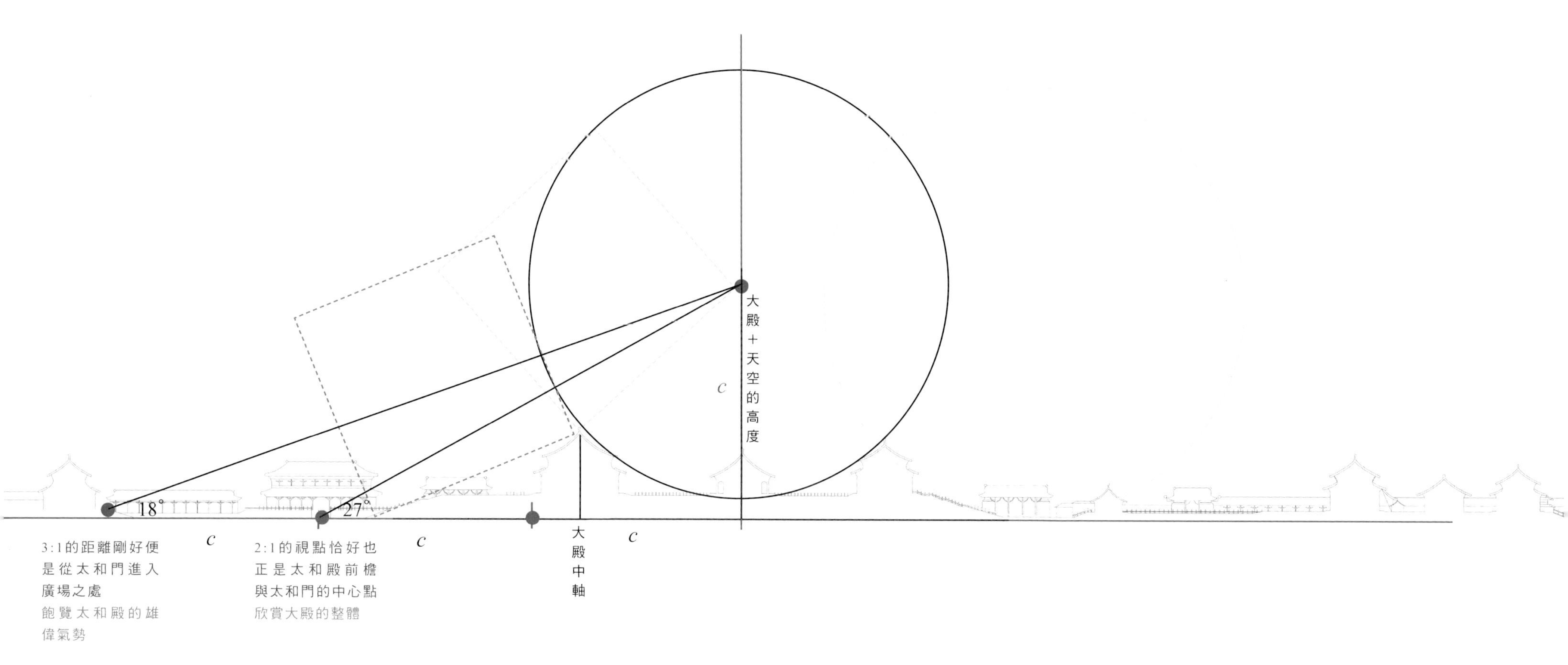

實則虛之

「山不藏則不高」，中國繪畫有所謂「計白當黑」的說法，以經營空白的畫幅（空間／自然）作為決定著墨（人工）的奇妙美學概念，放諸建築，也許就是為了崇高而設置低矮的殿宇吧。

姑勿論以上的假設是否成立，這幾座宮殿似乎已告訴我們：

（一）自然的偉大和體會，不一定因為人工結構的介入而受到干擾（反之，天空的偉大，可以由天空下的宮殿所喚醒）。要珍惜自然，似乎應該先從懂得珍惜人工的內涵開始。

（二）「偉大」的現代城市，都有「偉大」的廣場，其作用往往是以「無」人工結構的空間來表現這個地方「有」人工的成就（沒有建設的空間，隸屬整體建設藍圖）。

紫禁城卻有幾座宮殿在表彰無的超然價值呢。

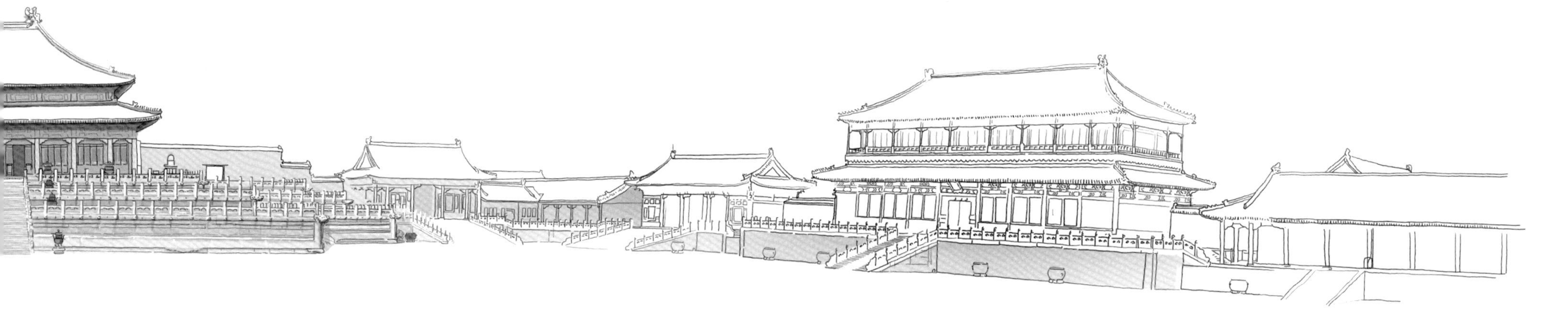

色彩

在視覺上，輪廓重要，色彩同樣重要。

紅（牆壁）、黃（屋頂）和藍（天空）是色彩中的三原色，可以調出一切顏色（在畫碟上）。在光學上，折射出彩虹，甚至還原成為一道無色的光線。

二十世紀二十年代西方興起現代藝術（包括幾何式的抽象乃至現代基礎設計），誕生了以基礎元素作為研究的課題。顏色因而被獨立研究，然後賦以不同的屬性，例如黃色帶著進取的視覺印象在幾何中較接近三角形，積極而又強烈的紅色是四方形，橙色（梯形）介乎二者之間，可以是藍綠之類較涼快的色調，可以是圓形及流動的弧形……這套理論影響至鉅，至今仍常見於平面的創作中，在空間方面，除了一些實驗性的創作外，並不見有什麼「成品」是完全把這套色彩理論實踐出來。許是巧合，這套理論居然在明清時期留下的建築上看到。

（請參考故宮紫禁城學會出版的論文集第三輯《紫禁城建築色彩交響詩》楊春風、萬奕汐的文章）

當然，在江南一帶水鄉，那些黑瓦白粉牆的房屋，晴天看去就像一張剛落筆的國畫，雨天看來又像是一本化開了的水墨小品，並不著意爭紅鬥綠的色彩效應，在滿堂吉慶的皇家宮殿之外，又是另一番視覺感受了。

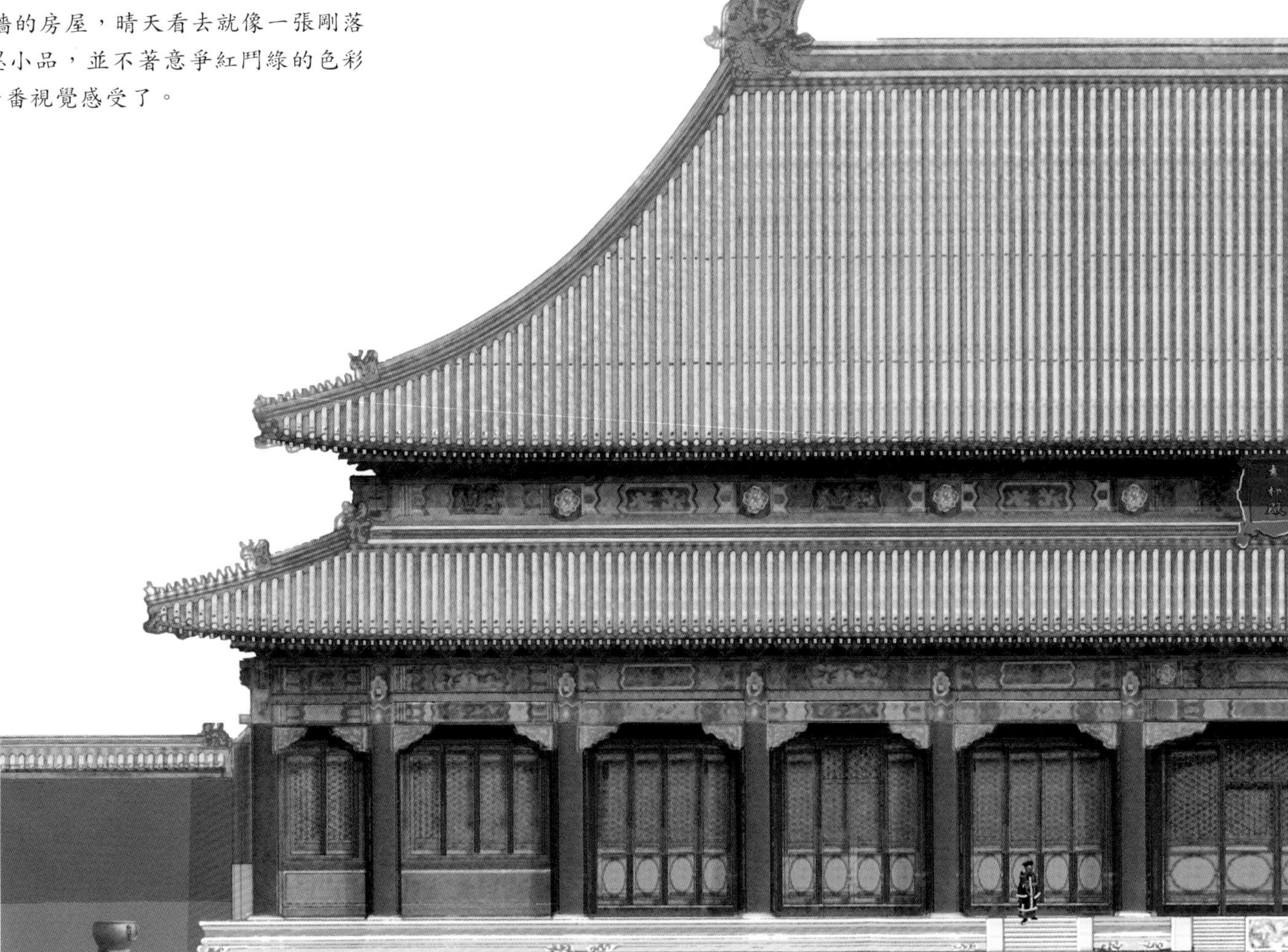

紅白相映奪目

大內聯色尚白

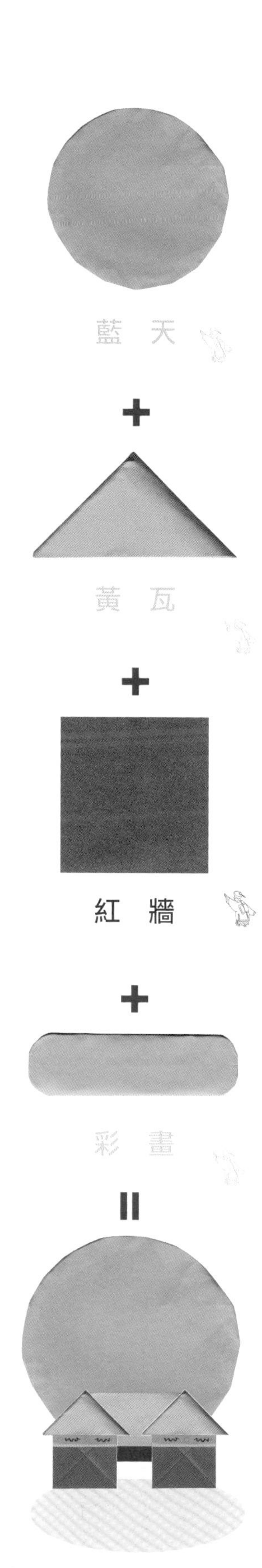

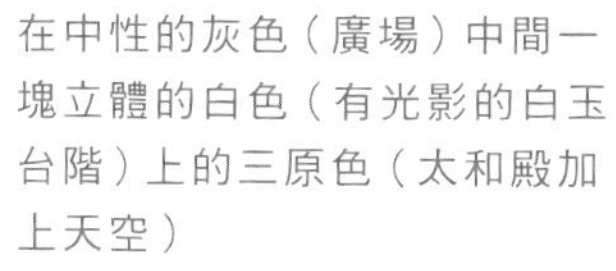
在中性的灰色（廣場）中間一塊立體的白色（有光影的白玉台階）上的三原色（太和殿加上天空）

外朝幾進院落所見的宮殿屋頂，幾乎已囊括傳統中國建築的主要型制。

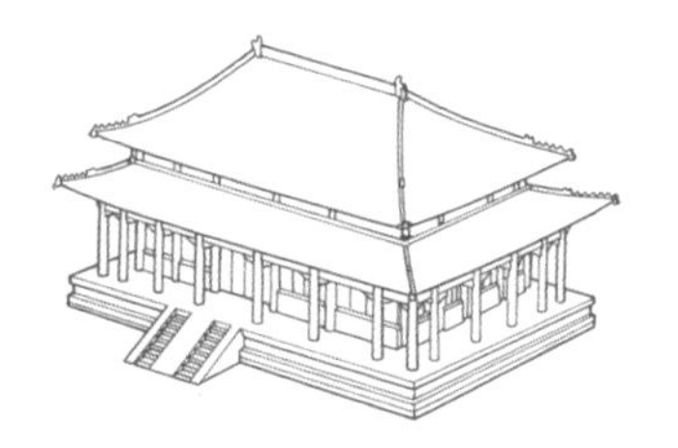

重檐廡殿頂

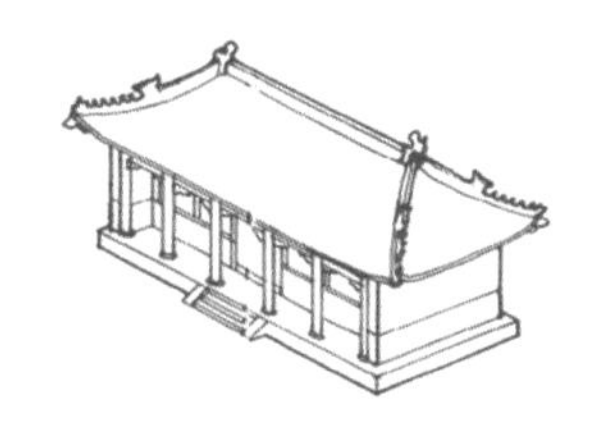

廡殿頂

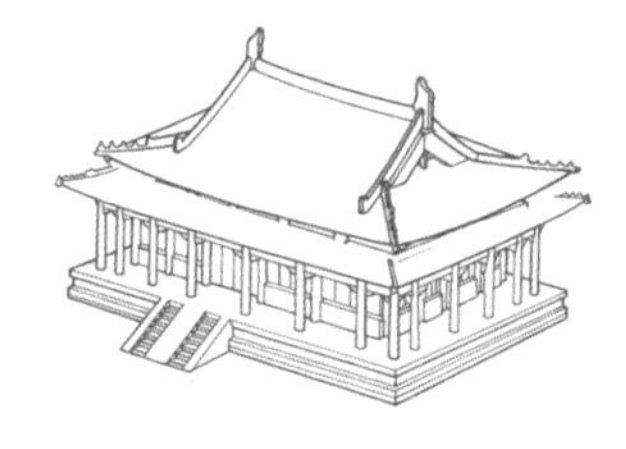

重檐歇山頂

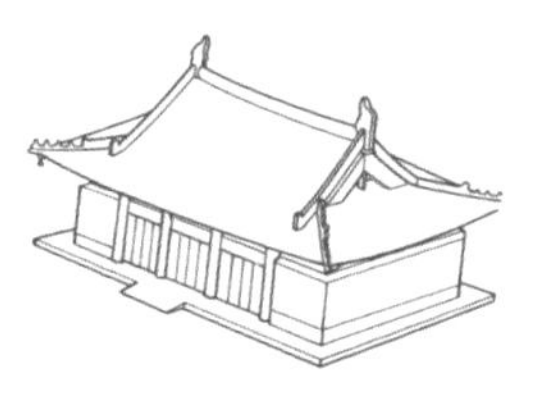

歇山頂

京師的冬至中午日照角度27°

廡殿式
重檐及單檐，單檐廡殿式以四個大坡面而名為四阿式，又以屋脊數量而稱為五脊殿，是中國古代建築中最高級的屋頂型制。太和殿便是最尊貴的重檐廡殿式，就算是皇家也只會在最主要的宮殿才能應用。

歇山式
重檐或單檐，單檐歇山頂又名九脊殿。一般用於較次要的殿宇、達官貴人的府第、御准或重要建築物。
保和殿、乾清宮便是採用重檐歇山頂。
太和殿廣場因貴為天子庭院，故四角崇樓亦破格以重檐歇山頂興建。

屋頂的弧度在力學上，可以將鋪設的瓦片扣搭得更緊貼，同時又可將從屋脊急流而下的雨雪改變角度沖得更遠。反宇的屋頂會加長日照時間，具有令空氣流通得更暢順等實際功能。在視覺上，更可將巨大沉重的屋頂變得輕巧，令到原來呆滯笨重的輪廓，變成一條充滿活力的天空線（skyline，屋頂在天空襯托之下的線條）。

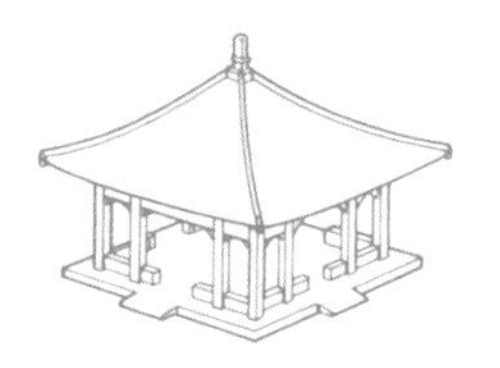

四角攢尖頂

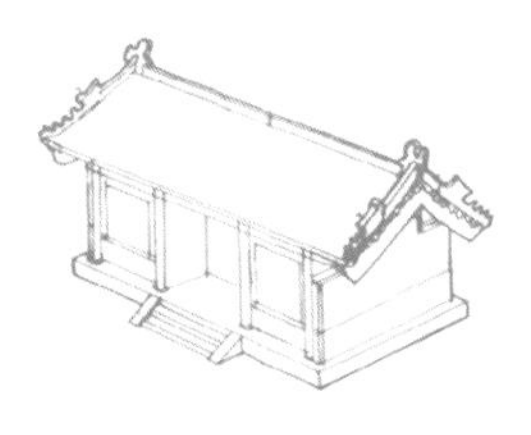

懸山頂

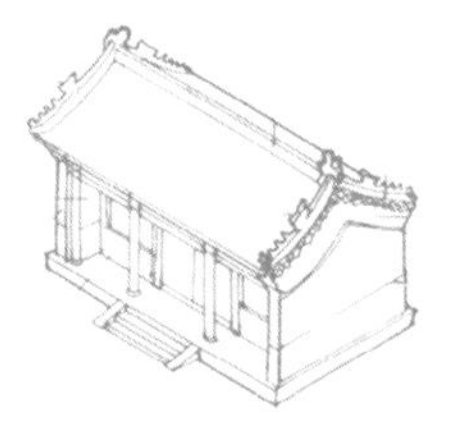

硬山頂

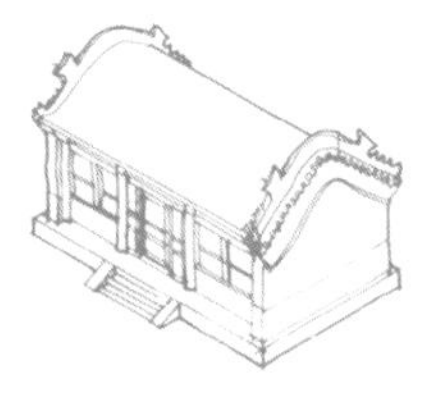

捲棚懸山頂

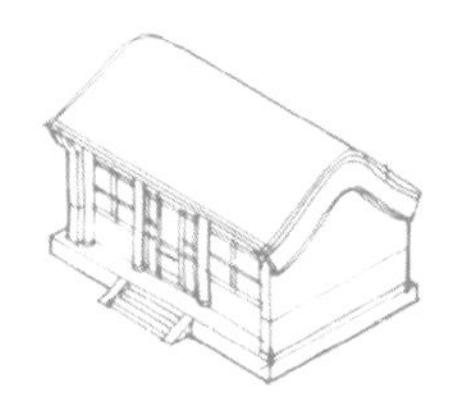

捲棚硬山頂

四角攢尖頂
垂脊從四角逐漸上升聚合，正脊消失，變成一個攢尖的點。一般多用於園林亭榭，中和殿以高級隔扇為牆，顯示其從屬前後兩大殿的性質。

懸山頂及硬山頂
以屋側出檐與否而分，為一般平民百姓的普通房屋型制，硬山式流行於明代（十四世紀）之後，是造磚業越來越蓬勃後開始出現「大量生產」的房屋，類似近代的公共屋村，外形較簡單平凡。

捲棚懸山頂及硬山頂
較自由的捲棚懸山頂及捲棚硬山頂，由於線條較柔和，多用於風景花園的點綴、休憩屋宇或閒殿，甚少在主屋應用。

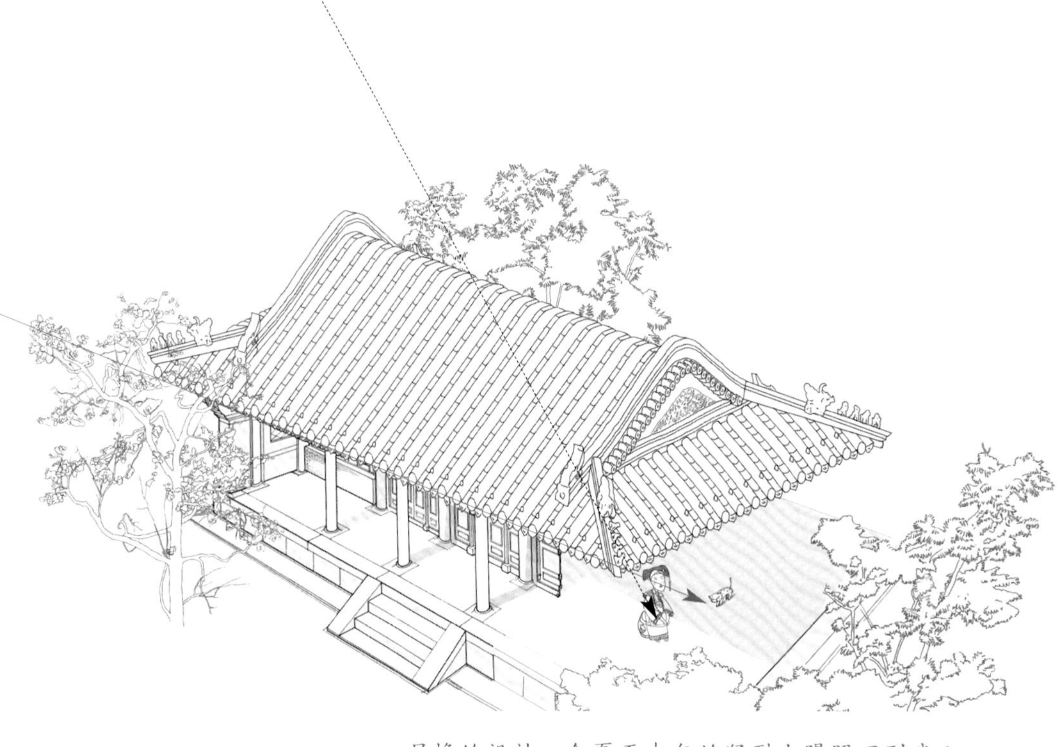

屋檐的設計，令夏至中午的猛烈太陽照不到我；
冬至時，貓咪的位置也會沐浴在和煦的陽光中。

屋頂

封建時代的皇宮不是讓大家看的，自從解禁之後，大家登上紫禁城後的景山，踞亭鳥瞰，一面面金黃的琉璃瓦頂，在日光下像一片微風底下的波濤，然後讚歎，宮殿如海。

在古代中國，承認一個男孩已經成長的儀式是給他戴上一頂成年人的帽子（加冠），自此他的一生就和帽子分不開，不同的工作，官職身份便有不同的帽子。較隆重的場合，就會把帽子戴得端正一些（整衣冠）。西方人的禮儀則是把帽子脫下，畢業典禮甚至把帽子摔到半空。身為中國人，趕緊把帽子戴牢一點，才合乎禮數。

衣冠楚楚的概念在建築級別尤其重要，在中軸外朝三大殿的兩個院落，有著不同等級的建築，其中太和殿以一頂最高級的「重檐廡殿式」佔著當然的核心位置，翻起最大片的金黃琉璃「波濤」。

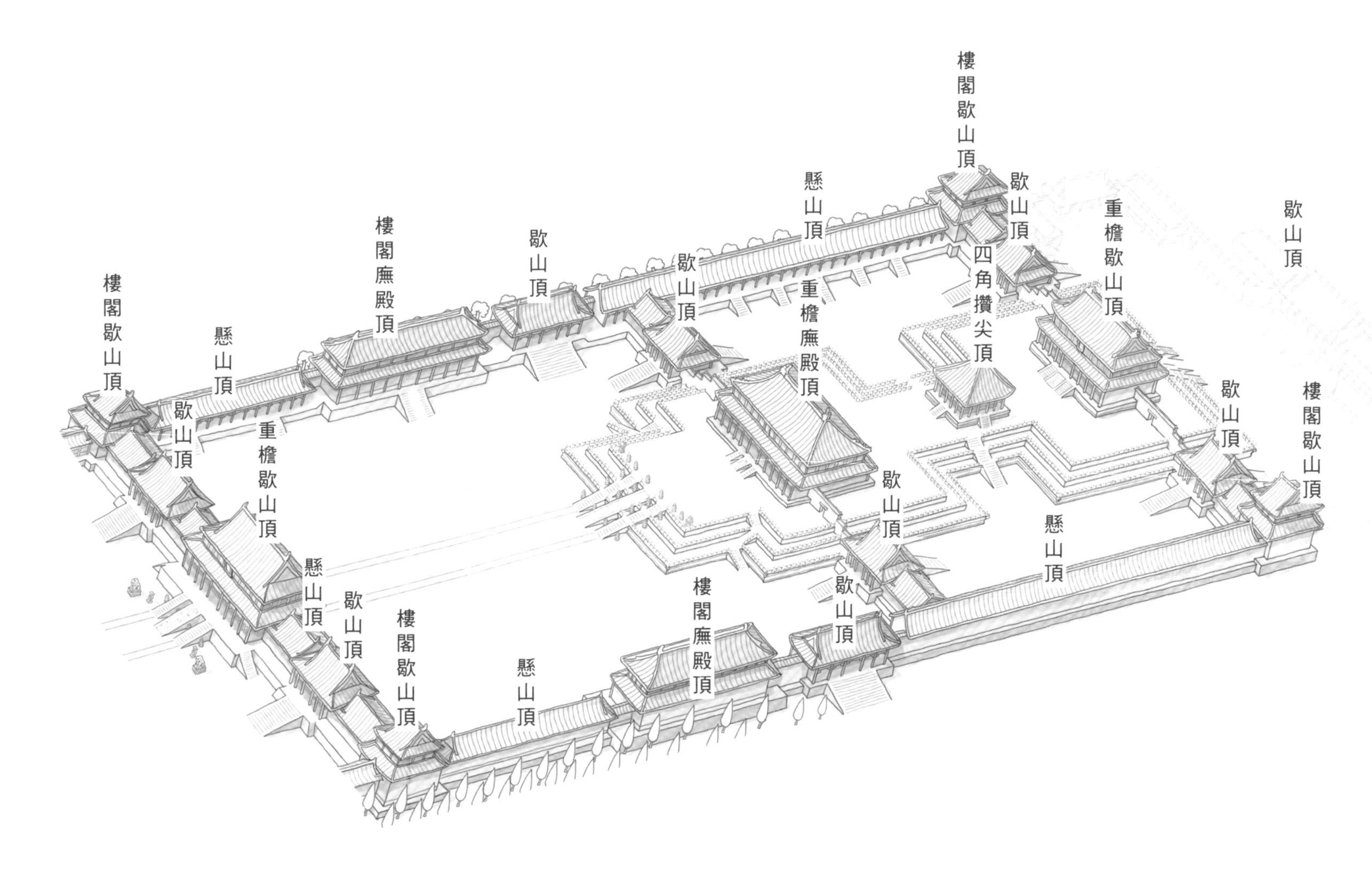

環繞四周的殿宇，按不同的功能及位置「逐波」而下，泛起了傳統中國建築中各種級別的屋頂型制。若是對傳統中國建築型制有興趣的話，不妨留意，單單是台階上的三大殿，其實已可以看到中國古建築幾種最重要的原型。而從太和門到乾清門這一段四百三十七米的距離上，分別出現了八種不同等級的屋頂，各就各位，站出了一部「屋頂大全」。

以「建築乃自然中的傢具，傢具乃建築中的建築」的觀念來看，走進這個兩進的超級皇家四合院，不但可以令我們看到傳統禮法的嚴謹，在一定程度上說，其實也可以算是已經走進了它的殿宇裡。廣場就是一個無限大的廳堂，四面廡廊樓閣無異於陳設的傢具。一般房屋的廳堂中央往往是一張供祭祠（崇拜）儀式的「神龍桌」，又或是主人（與最重要的客人）安坐的「太師椅」（以官位為椅，何其重要）。

而在這廣場的正中央，也是一件同時帶著祭祠（崇拜）儀式的傢具，不同的是只有主人安坐，客人則需跪在地上。

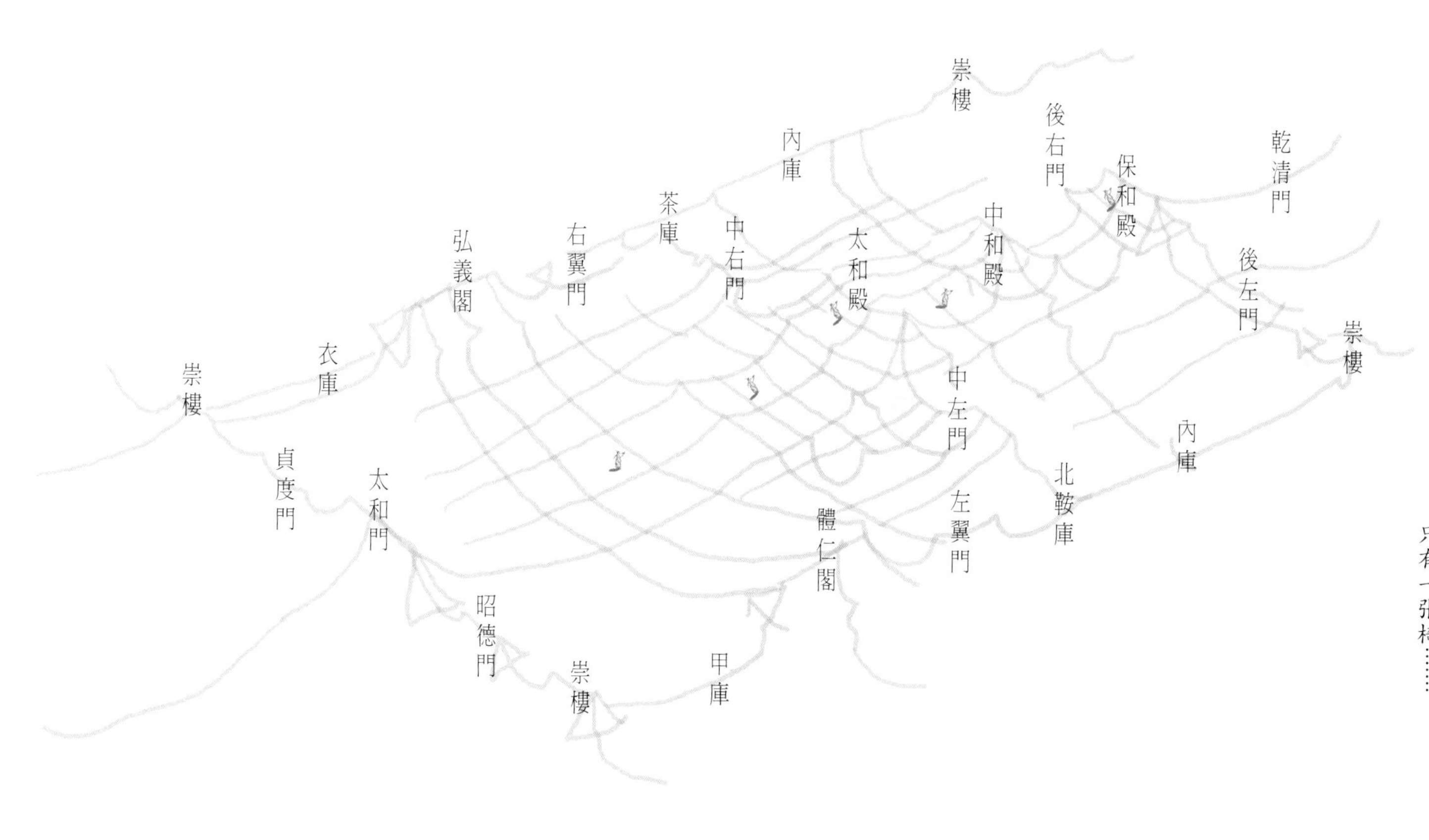

太和殿面積二千三百七十七平方米，只有一張椅……

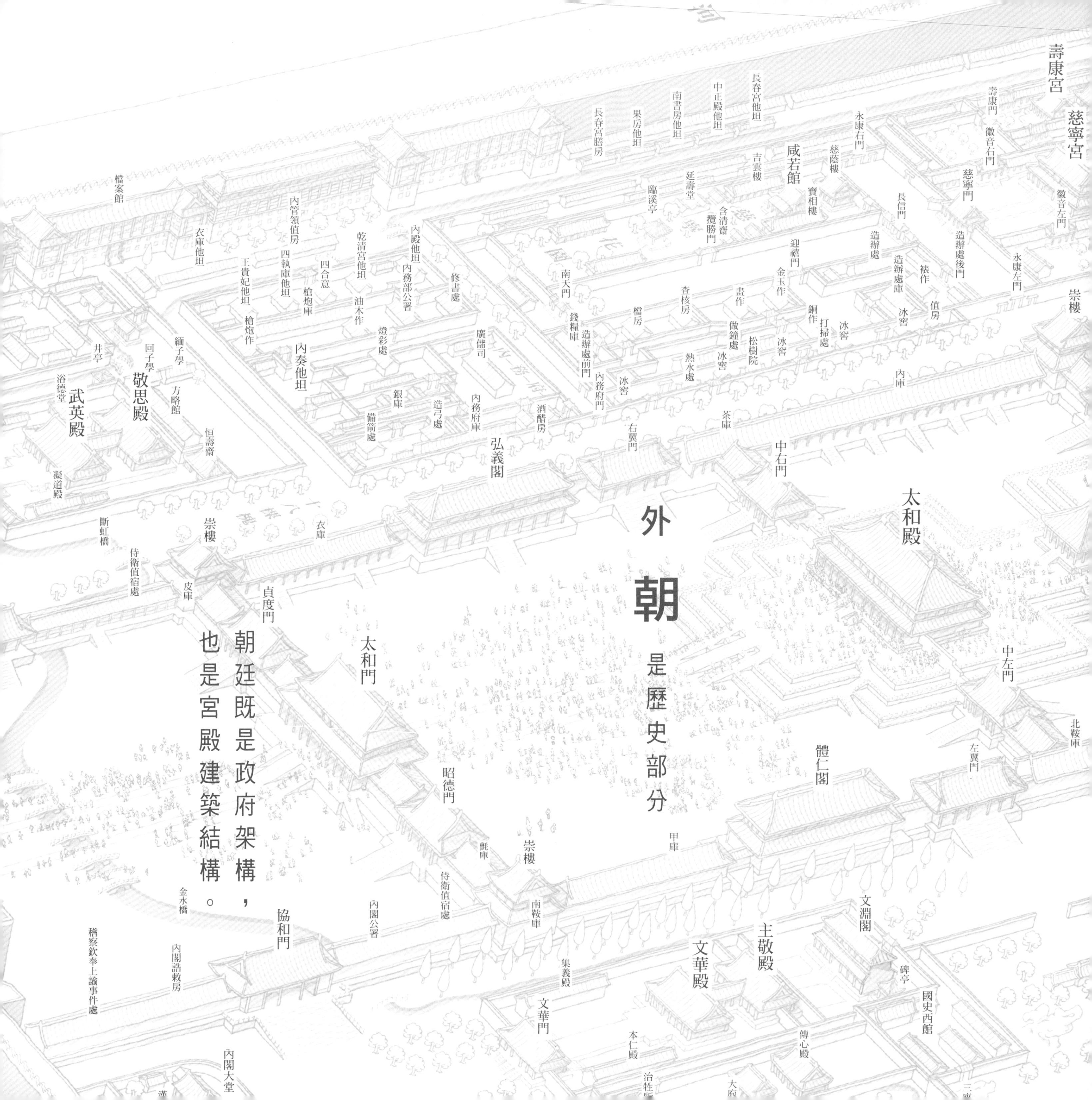

外朝是歷史部分

朝廷既是政府架構，也是宮殿建築結構。

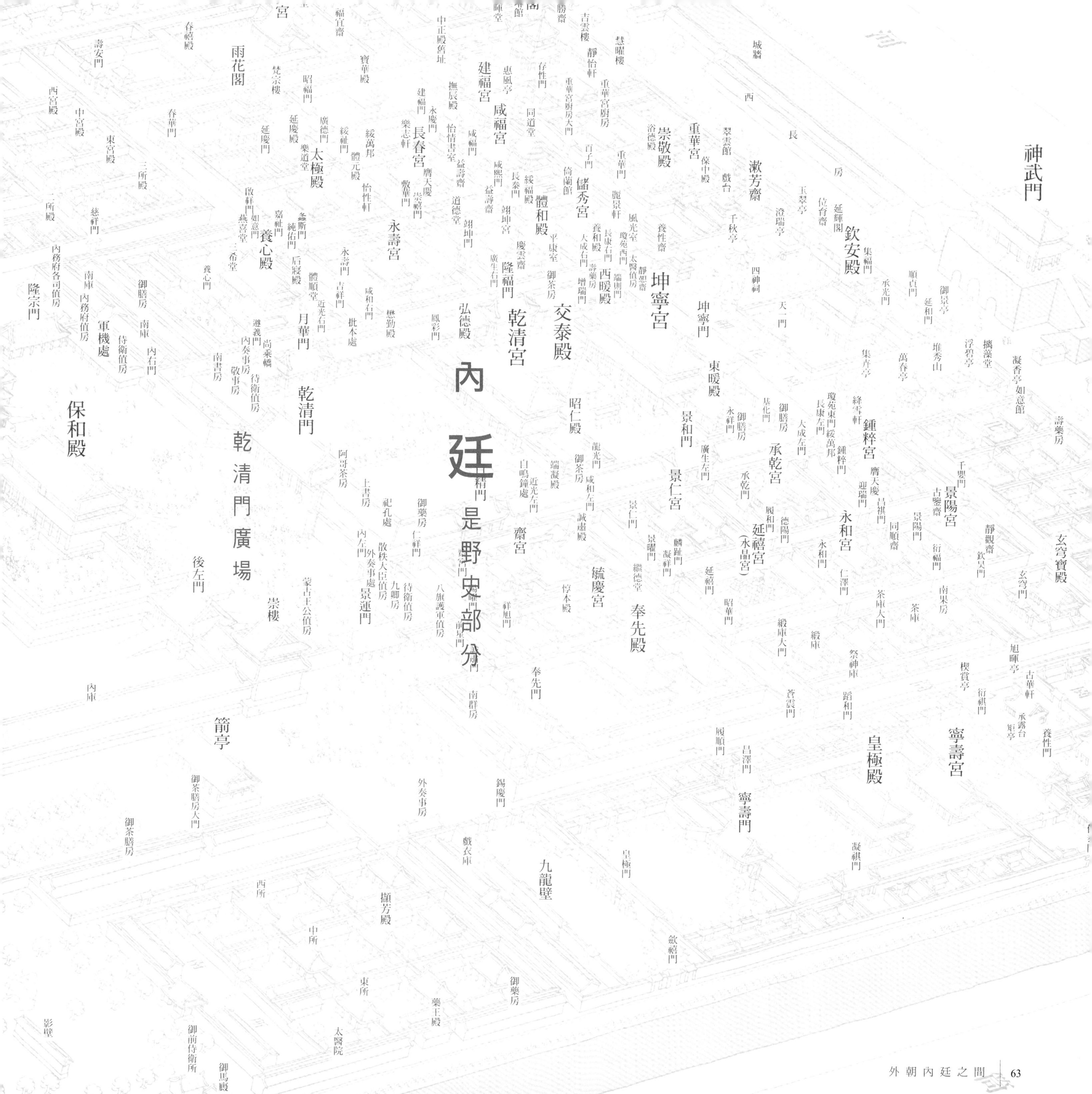

內廷是野史部分

神武門
城牆
西
長
房
慧曜樓
吉雲樓
靜怡軒
重華宮廚房
重華宮廚房大門
重華門
重華宮
崇敬殿
浴德殿
翠雲館
保中殿
戲台
漱芳齋
玉翠亭
澄瑞亭
千秋亭
位育齋
延輝閣
欽安殿
集福門
承光門
順貞門
延和門
御景亭
四神祠
天一門
坤寧門
坤寧宮
養性齋
靜憩軒
太醫值房
瓊苑西門
風光室
端則門
長康右門
養和殿
麗景軒
百子門
倚蘭館
儲秀宮
體和殿
綏福殿
西暖殿
壽樂房
增瑞門
大成右門
平康室
御茶房
交泰殿
乾清宮
隆福門
慶雲齋
翊坤宮
長泰門
咸熙門
益壽齋
翊坤門
廣生右門
咸福宮
咸福門
同道堂
存性門
建福宮
惠風亭
中正殿舊址
撫辰殿
怡情書室
益壽齋
道德堂
長春宮
體天慶
崇禧門
敷華門
建福門
永慶門
樂志軒
寶華殿
雨花閣
梵宗樓
昭福門
延慶殿
廣德門
延慶門
綏祉門
綏萬邦
體元殿
怡性軒
太極殿
樂道堂
永壽宮
永壽門
吉祥門
春禧殿
壽安門
西宮殿
中宮殿
東宮殿
春華門
三所殿
二所殿
慈祥門
內務府各司值房
南庫
內務府值房
隆宗門
軍機處
侍衛值房
御膳房
南庫
內右門
養心門
三希堂
燕喜堂
啟祥門
如意門
嘉祉門
養心殿
純佑門
螽斯門
后寢殿
體順堂
近光右門
月華門
咸和右門
懋勤殿
批本處
鳳彩門
弘德殿
遵義門
內奏事房
尚乘轎
敬事房
待衛值房
南書房
乾清門
保和殿
乾清門廣場
阿哥茶房
上書房
祀孔處
御藥房
仁祥門
精門
端凝殿
昭仁殿
龍光門
御茶房
咸和左門
誠肅殿
自鳴鐘處
近光左門
齋宮
東暖殿
景和門
永祥門
御膳房
基化門
御膳房
大成左門
瓊苑東門
長康左門
綏萬邦
鍾粹門
鍾粹宮
絳雪軒
集卉亭
萬春亭
堆秀山
浮碧亭
摛藻堂
凝香亭
如意館
壽藥房
承乾宮
承乾門
廣生左門
景仁宮
景仁門
景曜門
麟趾門
凝祥門
履和門
德陽門
延禧宮
（水晶宮）
延禧門
永和宮
永和門
迎瑞門
體天慶
昌祺門
同順齋
景陽門
古鑑齋
景陽宮
千嬰門
衍福門
靜觀齋
欽昊門
玄穹門
玄穹寶殿
南果房
茶庫
茶庫大門
仁澤門
緞庫
緞庫大門
昭華門
毓慶宮
惇本殿
繼德堂
奉先殿
祥旭門
奉先門
內左門
外奏事處
散秩大臣值房
九卿房
景運門
待衛值房
八旗護軍值房
前星門
南群房
蒙古王公值房
崇樓
後左門
箭亭
內庫
祭神庫
蹈和門
蒼震門
履順門
昌澤門
寧壽門
皇極殿
寧壽宮
褉賞亭
旭暉亭
古華軒
衍祺門
承露台
矩亭
養性門
凝祺門
錫慶門
戲衣庫
外奏事房
御茶膳房大門
御茶膳房
九龍壁
皇極門
擷芳殿
西所
中所
東所
欽禧門
御藥房
樂壽殿
太醫院
影壁
御前侍衛所
御馬廄

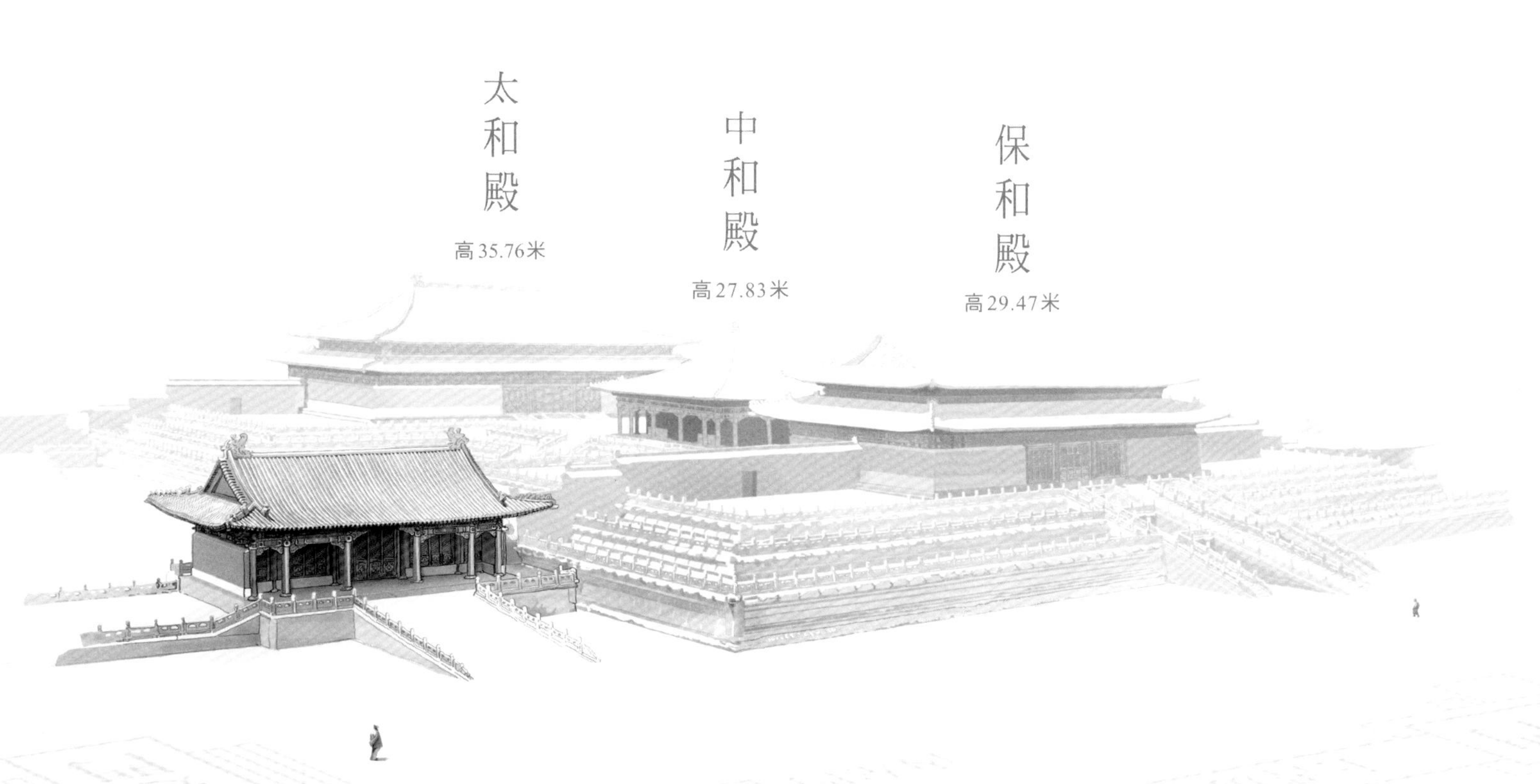

三大殿的台基巨大到令人有「一直都是走在平地上」的錯覺，從保和殿轉到後面，驟看眼前的乾清門廣場，反而成為「忽然」下降的低地。

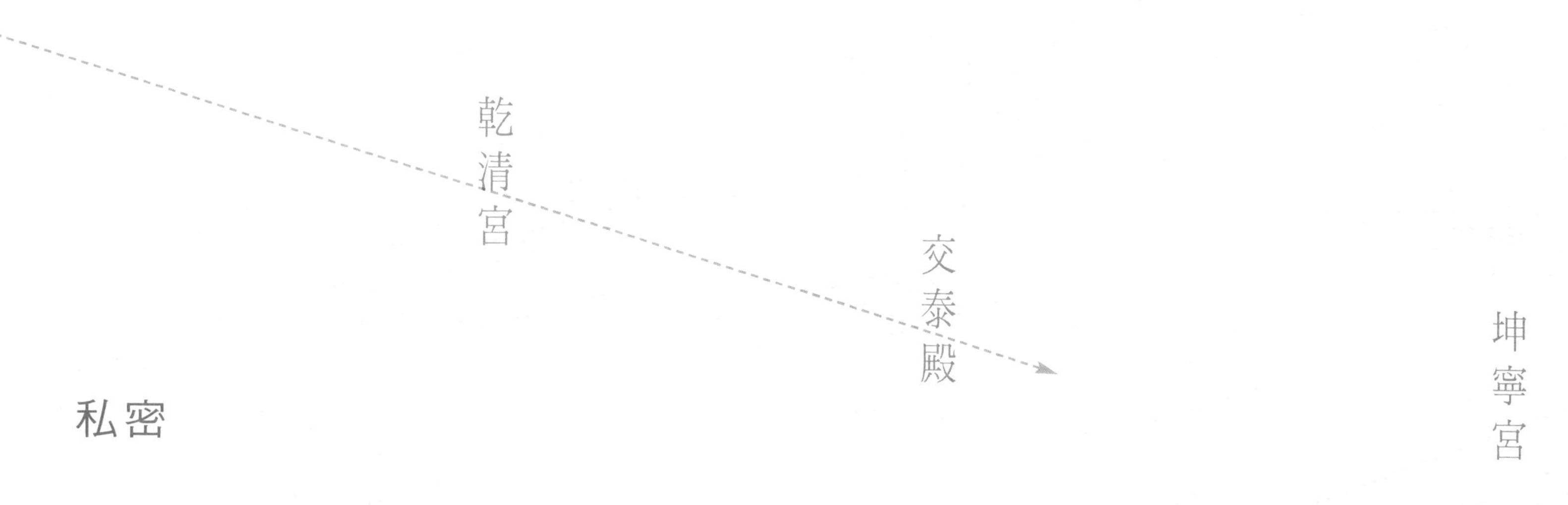

私密

乾清門是內廷（大內）的正式入口，裡面是皇帝起居生活的地方，也是封建世代，天下間最隱密之處。明清兩朝都流傳著各式「疑案」，真相恐怕唯內廷那些在歲月中逐漸褪色的磚瓦才曉得了！換言之，乾清門也是從歷史走進野史的大門。

乾清門雖然比高踞在三層台基上的保和殿低矮了百分之四十（加上落差達到八米），但史書並沒有記載過明清兩代的五百年間，有哪一個大臣是在保和殿旁的平台議事時，偷偷「鳥瞰」到內廷裡任何一個生活片段。原因就是內外朝廷中間的這一條橫街 —— 乾清門廣場。

這是自太和門廣場開始，以同寬度（約200米）劃分不同進深的第四個開敞空間，比中和殿的庭院還要小，卻將皇帝的私人生活，巧妙地推到三台上的「窺探」角度以外。

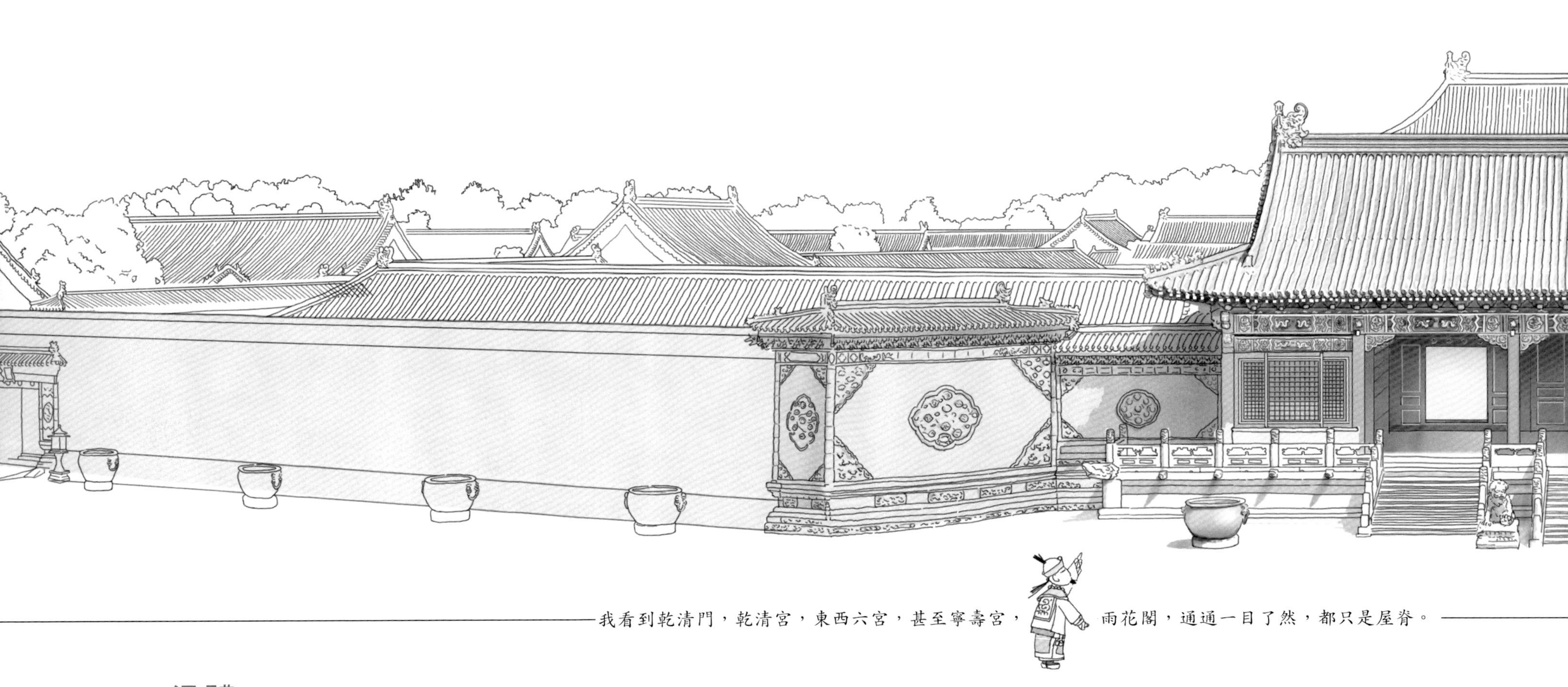

我看到乾清門，乾清宮，東西六宮，甚至寧壽宮，雨花閣，通通一目了然，都只是屋脊。

得體

這個過渡的空間，在佈局上既重要又不可能太突出。乾清門廣場南北寬度最大不超過五十米，最狹窄處只有約三十米（所以也稱之為橫街），與中軸上其他廣場比較，不但相形見拙，作為大內的前奏，搞不好隨時會予人侷促的感覺。

湊巧地，一般獲皇上詔見的大員都必須在東、西華門進入紫禁城，經過一番左彎右拐地來到廣場東西兩端的隆宗門或景運門才得進入這個廣場，而兩邊眼前都是二百米進深的視野。

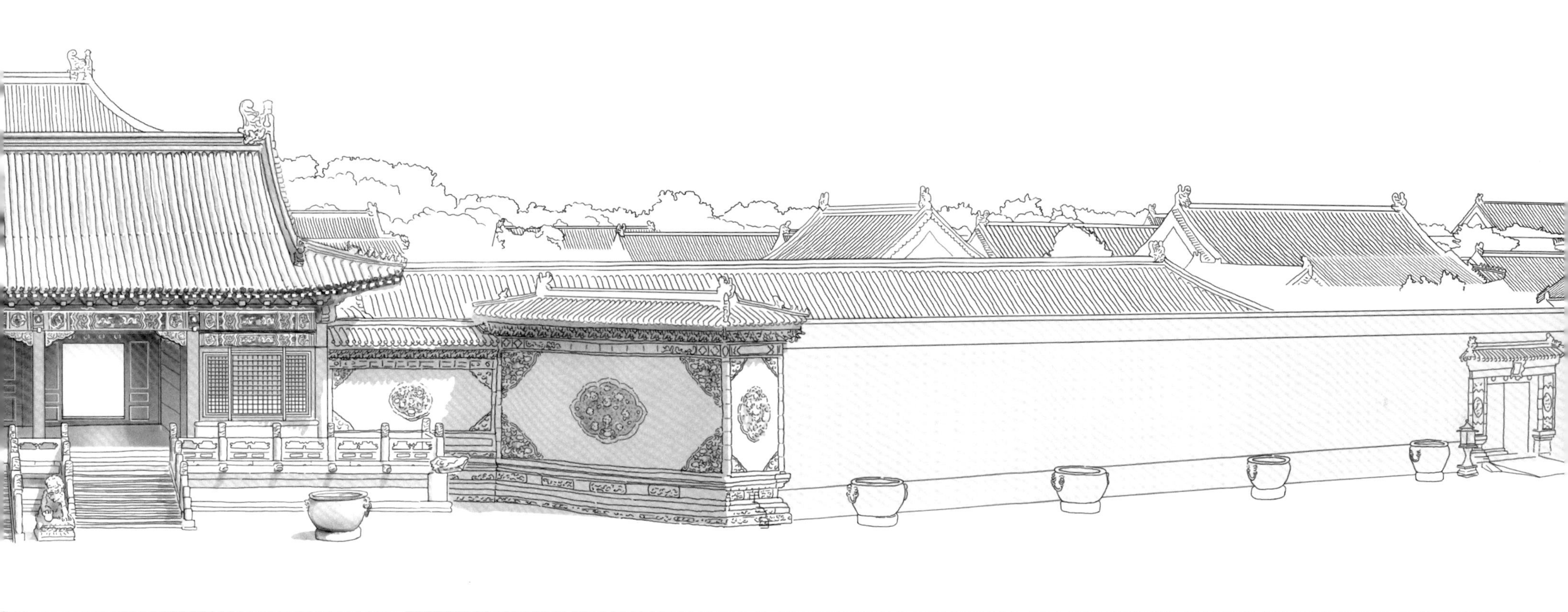

一旦從中和殿相望（其實也不可能在此東張西望），整體較低矮的內廷，直奔宮後景山，視野反而變得空曠，形成了「從側望之彌深，從高望之開闊」的空間效果。

若是從最狹窄之處（中和殿後階前沿）平視乾清門，門前兩度以八字方式往外斜出的琉璃影壁，又恰巧地形成兩組帶著平面透視成分的斜線，令只有三十米寬的橫街成為一個透視的起點，再也沒有半點狹小的感覺。傳統的形容是：影壁玲瓏精美，佈置得體。這種看似漫不經心而又巧妙的空間效果，也沒有比「得體」更得體的形容了。

影壁乃高級的大門制式，琉璃影壁，下設琉璃須彌座更是禁中最高級的規格。「得體」相信是來自歷代的工程所累積的經驗，未必會像現代工程學那樣動用大量客觀的數據，但往往與現代的分析相符合。

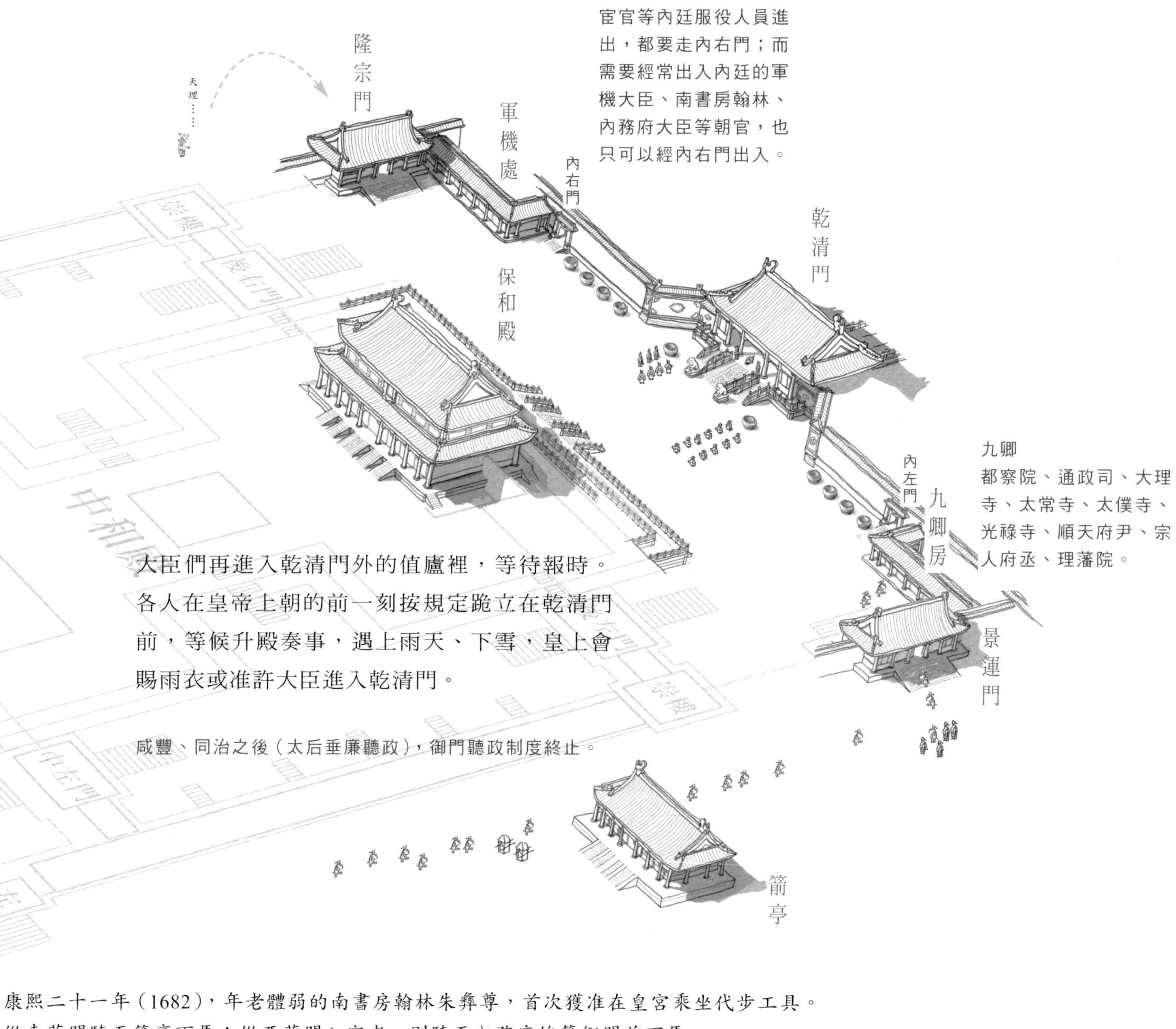

大臣們再進入乾清門外的值廬裡，等待報時。各人在皇帝上朝的前一刻按規定跪立在乾清門前，等候升殿奏事，遇上雨天、下雪，皇上會賜雨衣或准許大臣進入乾清門。

咸豐、同治之後（太后垂廉聽政），御門聽政制度終止。

康熙二十一年（1682），年老體弱的南書房翰林朱彝尊，首次獲准在皇宮乘坐代步工具。
從東華門騎至箭亭下馬；從西華門入宮者，則騎至內務府總管衙門前下馬。
年事高的大臣，皇帝特加恩恤，允許他們乘轎上朝，下轎的地點仍是箭亭。
乾隆三十六年（1771）後，規定放寬，允許朝臣一、二品以上，年齡達到六十的可乘坐轎子進入東華門。箭亭距離景運門較近，下轎以後，大臣進入景運門，其僕從站在景運門外二十步遠的位置等候。乾隆晚年，朝中一人之下萬人之上的和珅竟然乘轎直入景運門。

清中後期，獲御賜在紫禁城內騎馬叫做「賞朝馬」。

整個明朝，大臣們從來沒有獲准在紫禁城使用代步工具。

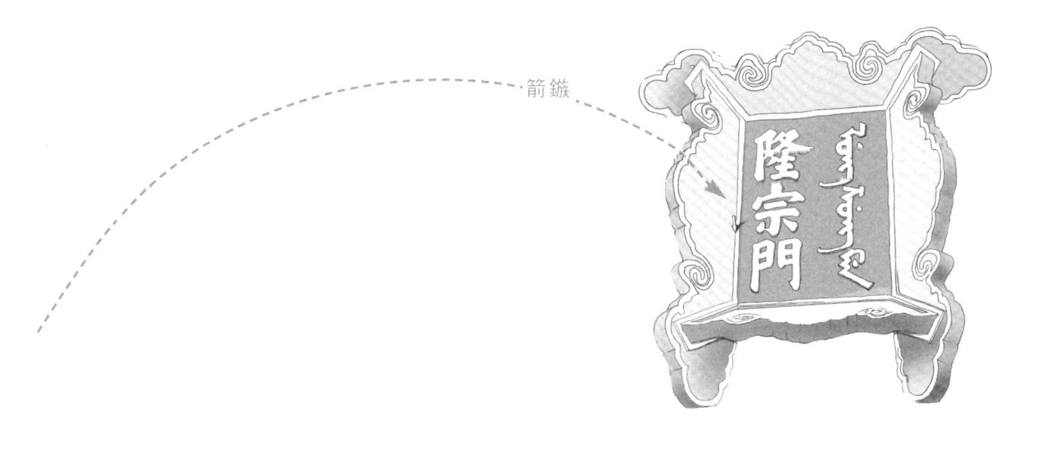

滿清在乾隆皇帝渡過了最後的一個黃金時期後，國力開始下滑。政經失當惹起民怨及民亂，滿漢之間的矛盾因為失去了強勢的管治而再度尖鋭起來。縱然嘉慶皇帝在登基之初，力圖振作，馬上懲治了乾隆的寵宦和珅，又將充公所得銀両八兆（抵得上國庫二十年的總收入）悉數用來堵塞經濟上的漏子。只是清初盛世再也不能回復過來，由嘉慶朝開始約一百年間，民亂不絕，到最後清廷在內外交煎的情況下，走上覆亡之路。

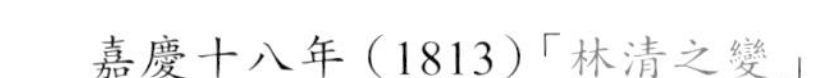

嘉慶十八年（1813）「林清之變」

天理教暴民林清串通宮中太監，率眾從東華門和西華門衝進禁城，企圖越過景運門和隆宗門，直闖大內。

變亂發生時，皇次子綿寧（後來的道光皇帝）正在乾清門內的上書房讀書，遂馬上拿著一把鳥槍，嚴陣以待。當時有教徒已經爬上了養心殿西側的牆頭，綿寧舉槍射擊，打死了一名進犯者（皇子學習騎射有功）。

混戰中隆宗門的匾額上留下了一個箭鏃，事後嘉慶皇帝下旨保存下來作警惕，箭鏃到今天還留在匾額上。箭鏃是從下往上發射，應該是侍衛用箭射向當時已攀爬在隆宗門上的天理教暴民的痕跡。

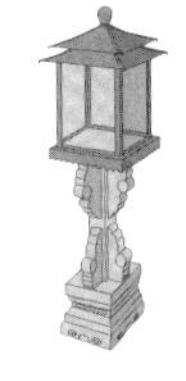

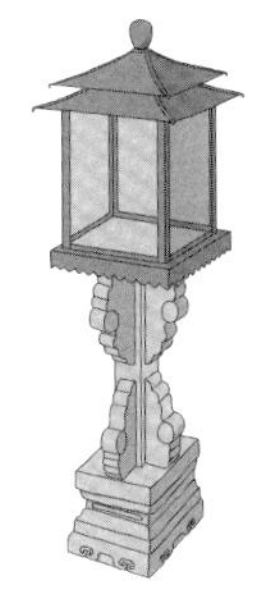

紫禁城的外朝是沒有路燈的。皇帝在天未亮時前往外朝，由侍從提著羊角燈照明。而內廷的永巷里每隔幾十米就有一座小巧的石基銅燈。

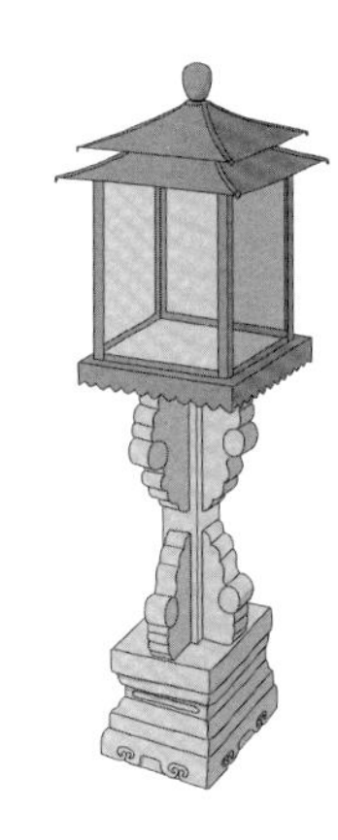

景運門和隆宗門外一帶，嘉慶以前並沒有路燈。嘉慶處決和珅以後，將其宅邸賞給了慶親王永璘，和珅府中有銅路燈三十六座，則被安置在景運門和隆宗門外。

具體的平衡

中國歷代的興衰主要是來自外臣（包括藩王）及內侍（包括近親、外戚）兩方面。外在勢力太大，國家分裂；內部出亂子，朝綱紊亂。歷來可以將這兩方面勢力維持在一個較合理的平衡狀態，都被視為好皇帝。內外角力時，不濟的皇帝甚至陷於內外交煎的境況。

在這條長約一公里，貫穿紫禁城的中軸，前段太和殿是一個舉行典禮、儀式性質的中心。由天道，而至法統，一切按國法（禮法）而行，甚至連皇帝也不會有太大的自由意志。

歷史從來都不以皇上在太和殿舉行重大儀式的威儀來判斷他的成就，而是取決於他的日常施政。後廷乾清門廣場，相當於「五門三朝」中的燕朝（寢宮之前朝，明代在太和門臨朝聽政，則是比前朝更前廷），相對帶著更濃厚的現實色彩。

清代直至雍正皇帝以前，平衡的三方每天都在這條不太顯眼的橫街上出現。處於內外朝之間的乾清門，也成為內外兩個勢力圈的中心點。皇帝，就在中心點作出平衡，否則兩方勢力便會互相滲透、抵消，直至崩潰。

每一本介紹紫禁城這座皇宮的書都會告訴讀者，前朝佈局如何理性開揚，後廷佈置如何帶著人情；前朝後宮在六與四的比例下，如何構成一個最高級的公、私空間組合。「平衡」在政治上並不容易，但在建築上，這種盼望卻可表現得十分具體。

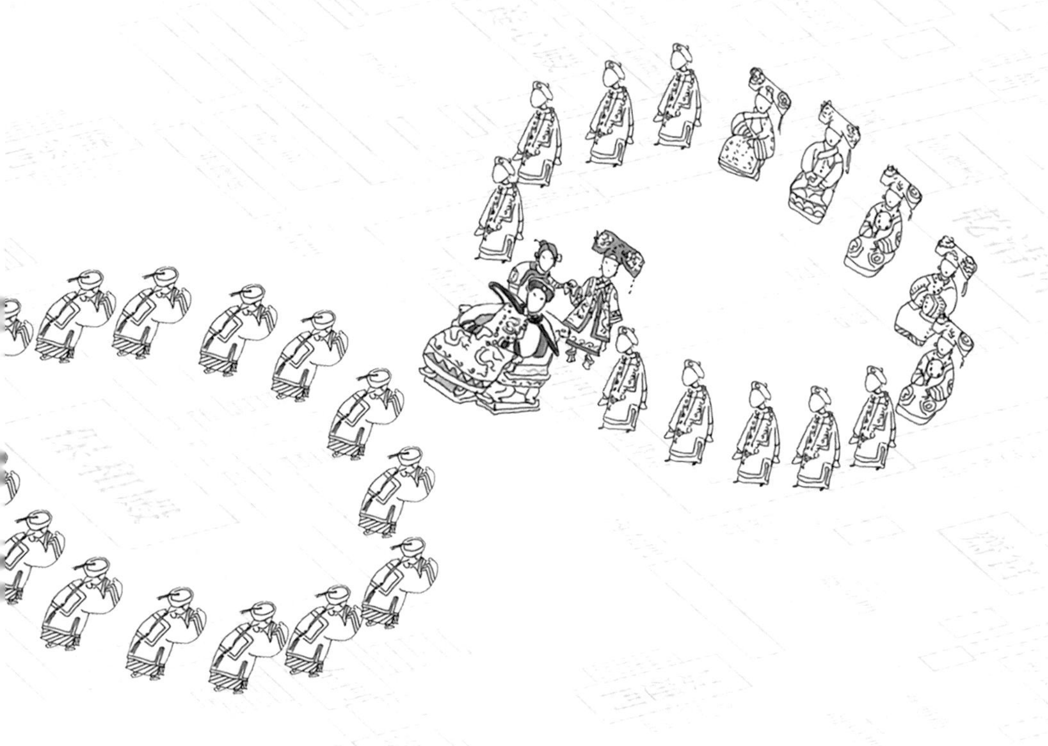

順治皇帝嚴戒太監不得干預政事，曾將戒令寫在鐵牌上，並豎立於交泰殿裡。

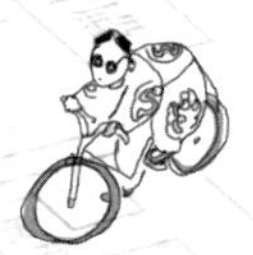

清末小皇帝溥儀為了方便騎腳踏車而將大部分殿宇的門檻鋸掉！

- 明代在奉天門（清太和門）進行御門聽政，明太祖取消了宰相職位，宦官被授予傳遞詔命、聯絡內廷與外朝信息的重任。中後期皇帝大多貪圖享樂、依賴宦官、疏於政務，不僅打破了每日上朝的祖制，而且發展到常年不上朝，更有連續長達二十四年不上朝聽政（萬曆皇帝）的紀錄，明代因而走向衰落、覆亡。

- 明代太監多達十萬（一部分住在紫禁城西邊沿河以外，大多數居住在皇城），清前期太監只有四百多名（清末增到三千多人）。

- 清代將御門聽政改在乾清門進行，大大縮減了皇帝起居與施政空間的距離。又設置內務府，由宗室親王執掌，取代宦官在皇宮內一切管理職能，把負責傳訊太監「出亂子」的機會減至最低（直至清末，最可惡的太監，也止於痲痺主子，而不會介入朝務）。

- 《清稗類鈔》中記載乾隆初年更以秦、趙、高三姓命名宮中近侍，以示不忘秦代宦官趙高之害作警惕（縱然如此，乾隆皇帝卻滋養出拖垮了整個國家經濟的太監和珅）。

- 清初三治之後，管治外邊的能力開始下降，隨後內廷勢力又以不恰當的方式干預外朝事務（皇帝軟弱，太后專權之類），單純的傳統外朝事務已發展到包括外在新文化思想及中國封建王朝從來未曾面對過的外國勢力。這樣的情況，可以設想為外邊的勢力圈不斷往內滲透，到後來清王朝唯有黯然退位，內在的圈圈縮在內廷過其名存實亡的「小朝廷」日子。

- 當內廷的小皇帝為了方便騎腳踏車而將大部分的門檻鋸掉之後，外邊的勢力圈也就隨著遜帝溥儀的腳踏車將最後殘餘的內圈吞噬，只留下了當初完整的政治理想實體——這座宮城。

軍機處

兩個圈圈只是一個形象的比喻，實際的情況自然更加複雜。尤其是當御門聽政演化為皇帝全天候與近在咫尺的機要班子議事論政時。兩個圈圈之間，出現了一個更緊湊的小圈圈，成為中國兩千年的封建帝皇政治體系的最高點（最後居然也成為終結的句號）。

清初新疆準噶爾部噶爾丹勾結沙俄叛亂，一直纏繞至雍正七年（1729），認為內閣設在太和門外，涉及人員眾多，容易洩露國家機密，於是在養心殿南牆外（隆宗門內）設置值房以便商議軍情，雍正十年（1732）正式命名為軍機處。

乾隆繼位後一度改為「總理事務處」，旋即回復，到宣統三年（1911）改為責任內閣制為止，在一百八十二年中（1729－1911），這排細小的值房，一直是國家最重要的中樞，大部分詔令皆由此而出。惟即使貴為軍機大臣，其性質亦僅止於皇帝機要秘書，本身並無決策實權。

乾清門西側的一排簡陋矮小的值廬，是清代著名的軍機處。國家大事，關防極嚴。不但嚴禁太監走近軍機處迴廊，橫街東端值房的高級官員亦不准接近。

軍機處由皇帝委任親王為首席軍機大臣統領，下設：軍機大臣、在軍機大臣上行走、軍機大臣上學習行走及軍機章京（專職機關諮文，又稱小軍機）等職務。

每日各部奏摺，必於寅卯二時（早上三至七時）發下，軍機處章京分送各軍機大臣奉閱。

從軍機處經內右門進入後廷養心殿，奉皇帝口諭，如此返回草擬審閱，謄正之後再下達全國，均不出一個時辰，效率非常之高。

皇帝離宮時，當值軍機亦會隨行，以免殆誤國事。

軍機處內曾懸掛雍正皇帝題寫的匾額：「一堂和氣」
咸豐皇帝題掛：「喜報紅旌」
光緒三十四年（1908）又掛上：「籌備立憲」

「和氣」是因為雍正年間，軍機大臣鄂爾泰與張廷玉不和。「喜報」是咸豐時期連吃敗仗的盼望，而「籌備立憲」的光緒結果只籌不立。匾額都是歷史的見證。

太和門

明代御門聽政設在奉天門（清太和門），這裡是接近皇帝的高級幕僚的辦公地點（內閣），惟遠離後宮，間接誘發日後居中傳訊的內待（太監）紊亂朝政。

協和門

（明左順門）
高級機要官員辦事處
（稽察欽奉上諭事件處、內閣誥敕房）

內閣

內閣是明太祖朱元璋廢除宰相所設的中央機要制度，清朝代之以軍機處，內閣已成為清貴之職，或明升實降的官位。

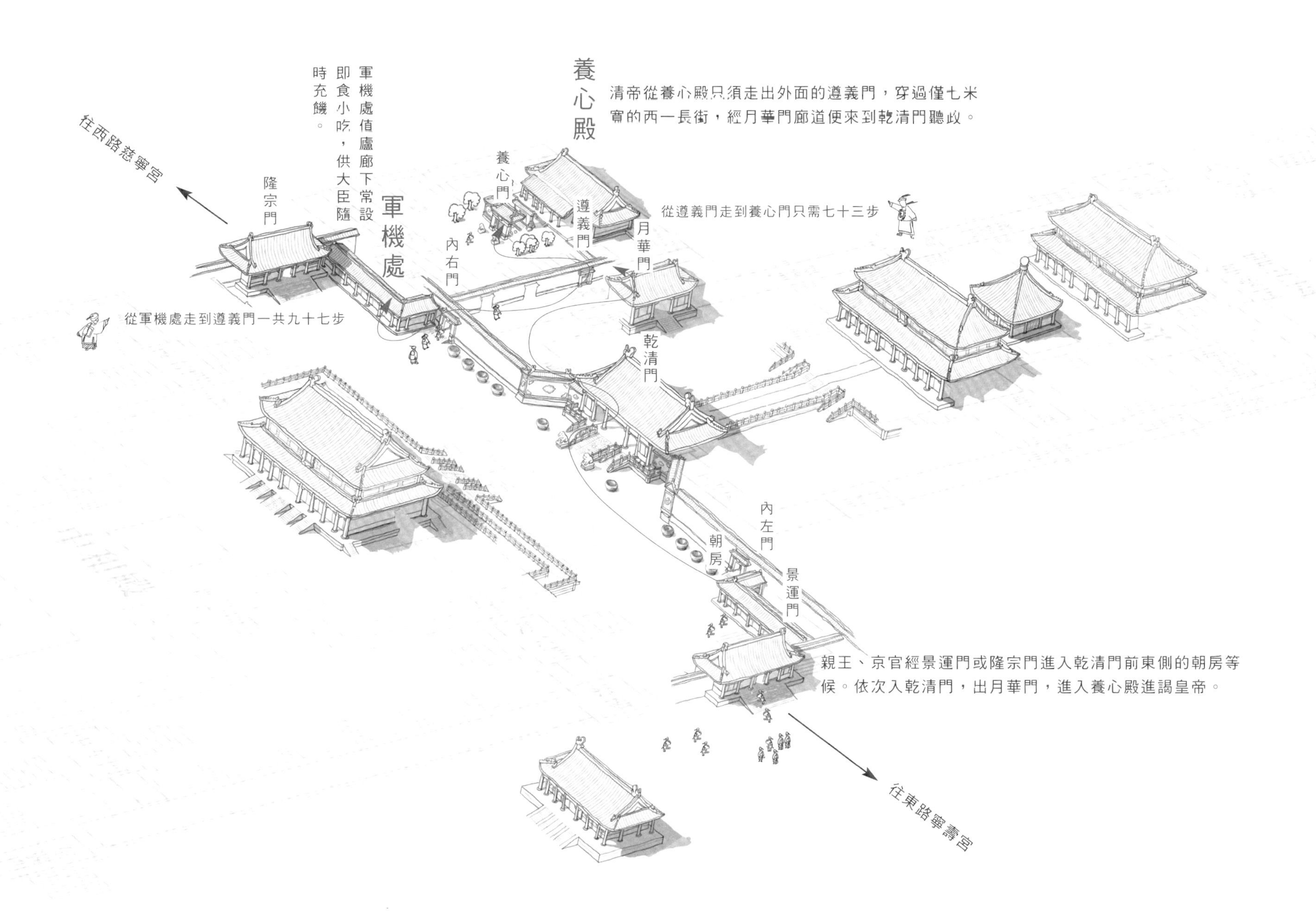

軍機處還有一項較少為人知道的職能是「增加皇家收入」。

一般朝廷罰款皆由吏部定奪，由戶部追討。而獲罪官員時另有自議罰款的形式（不入國庫而歸宮廷內務府作為後宮收入），則由軍機處查催。部分收入來自官員剝削百姓，借題案罪，以便分潤「效敬」皇上，付款有時還可議價或分期。

乾清門廣場是紫禁城內最重要的交通中樞。南北向是內外朝的過渡，穿過景運門東路接乾隆當年原為準備當太上皇所建造的寧壽宮建築群；西路經隆宗門可以抵達太后、太妃居住的慈寧宮。

寧壽宮建築群體制恢宏，佈局與中軸主殿相若，一直被稱為皇宮裡的皇宮；而養心殿雖然佔地不廣，甚至比一般王公府第還要細小，卻是清代自雍正以下，八代皇帝起居和施政所在，所以又被視作朝廷裡的朝廷，安於大中軸的西側。

養心殿

「養心」二字取自孟子的一句話：「養心莫善於寡欲。」

康熙六十一年（1722）十一月十三日皇帝駕崩，雍親王胤禛繼位（雍正皇帝），從乾清宮移居養心殿，乾清宮改為專作朝會聽政及祕密建儲的宮殿。

乾隆在養心殿度過了六十四個春秋，創立了中國古代最後一個盛世。

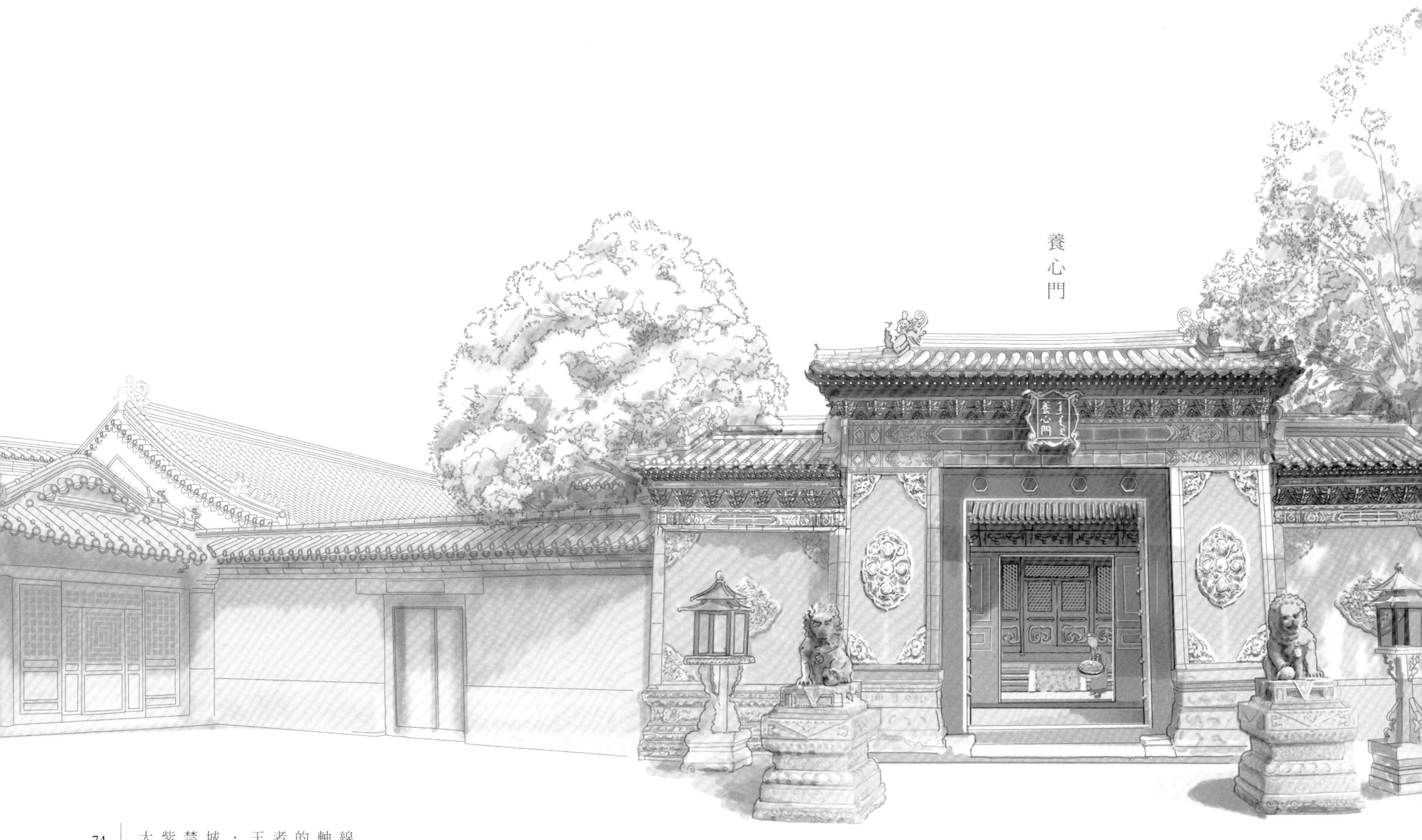

養心門

養心門

歇山式琉璃仿木結構門樓，基座為漢白玉須彌座。

外牆用琉璃包砌，明顯比內廷其他宮殿高級。

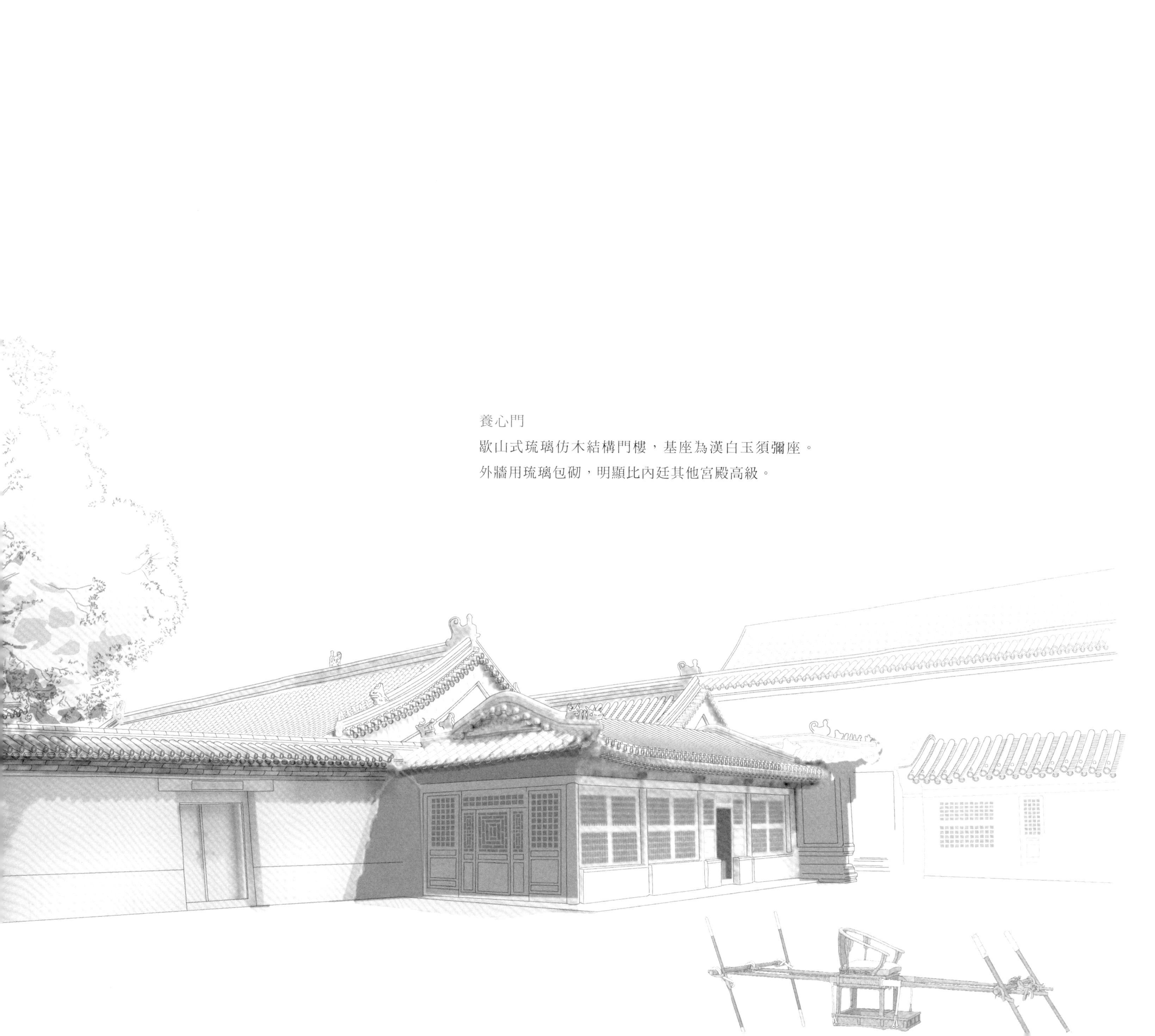

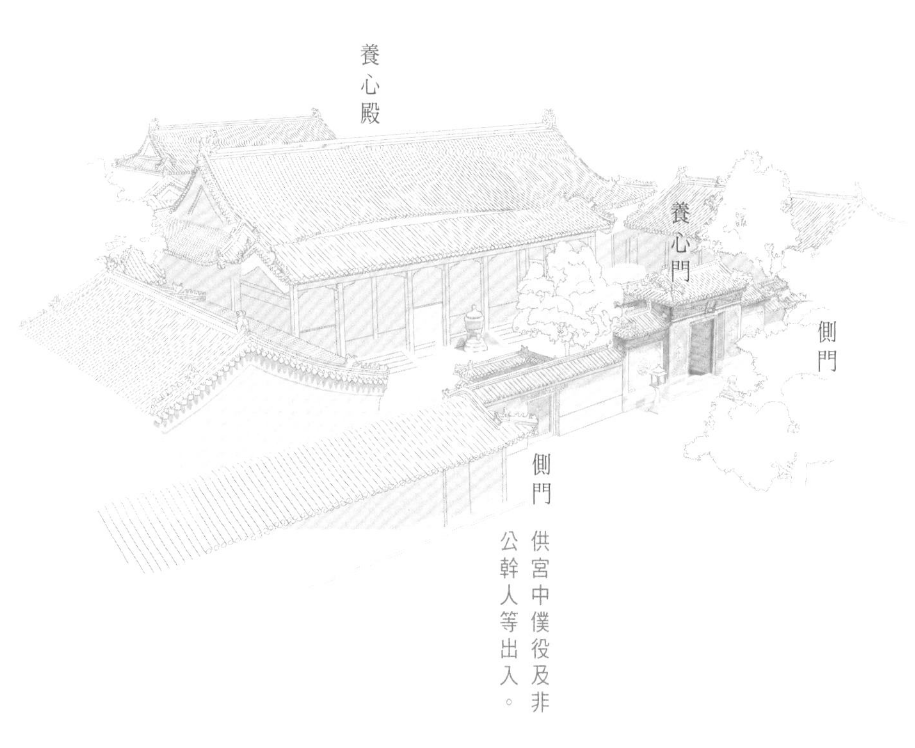

皇帝的一天

居住在養心殿後寢宮的皇帝每日早上五時（卯時）起床、梳洗完，先進一碗冰糖燉燕窩之類的滋補小羔，然後在西暖閣恭讀歷朝實錄或先帝聖訓一卷。冬春七時（夏秋六時）正式進早膳，同時在太監預先準備的盤子（上列奏事官員名牌）揀選接見「膳牌」，便開始一天的視務工作。

早膳後，若非早朝日子便逕往太后宮中請安。上午接見奏事官員，與當值軍機大臣議政，或安排侍學講經，批閱奏章等等。

未時（下午一至三時）進晚膳，之後便是休閒時間，作詩及花園遊玩。到傍晚再進一些晚點，一天便大致終結。像康熙那樣歷史上最勤奮的皇帝，時常坐以待旦地勤於政務，作息的比例當然很不同。而乾隆皇帝，在朝務上沒有他父親（雍正）和祖父（康熙）用功，但細作玩意特別多，加上又得高壽，老人家晚睡早起，由宮婢內侍到軍機大臣自然要振作精神，隨時候召。

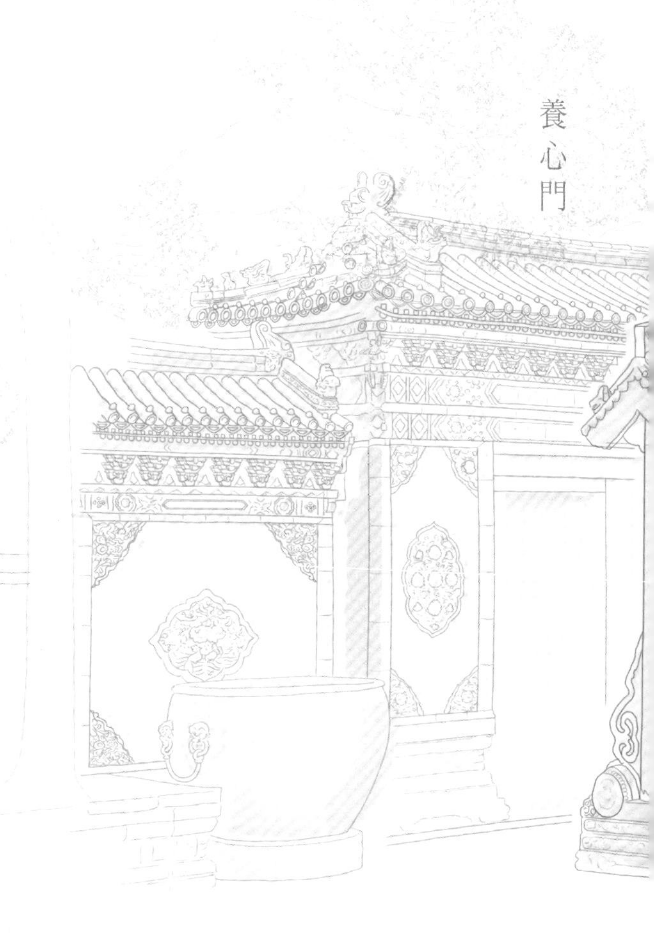

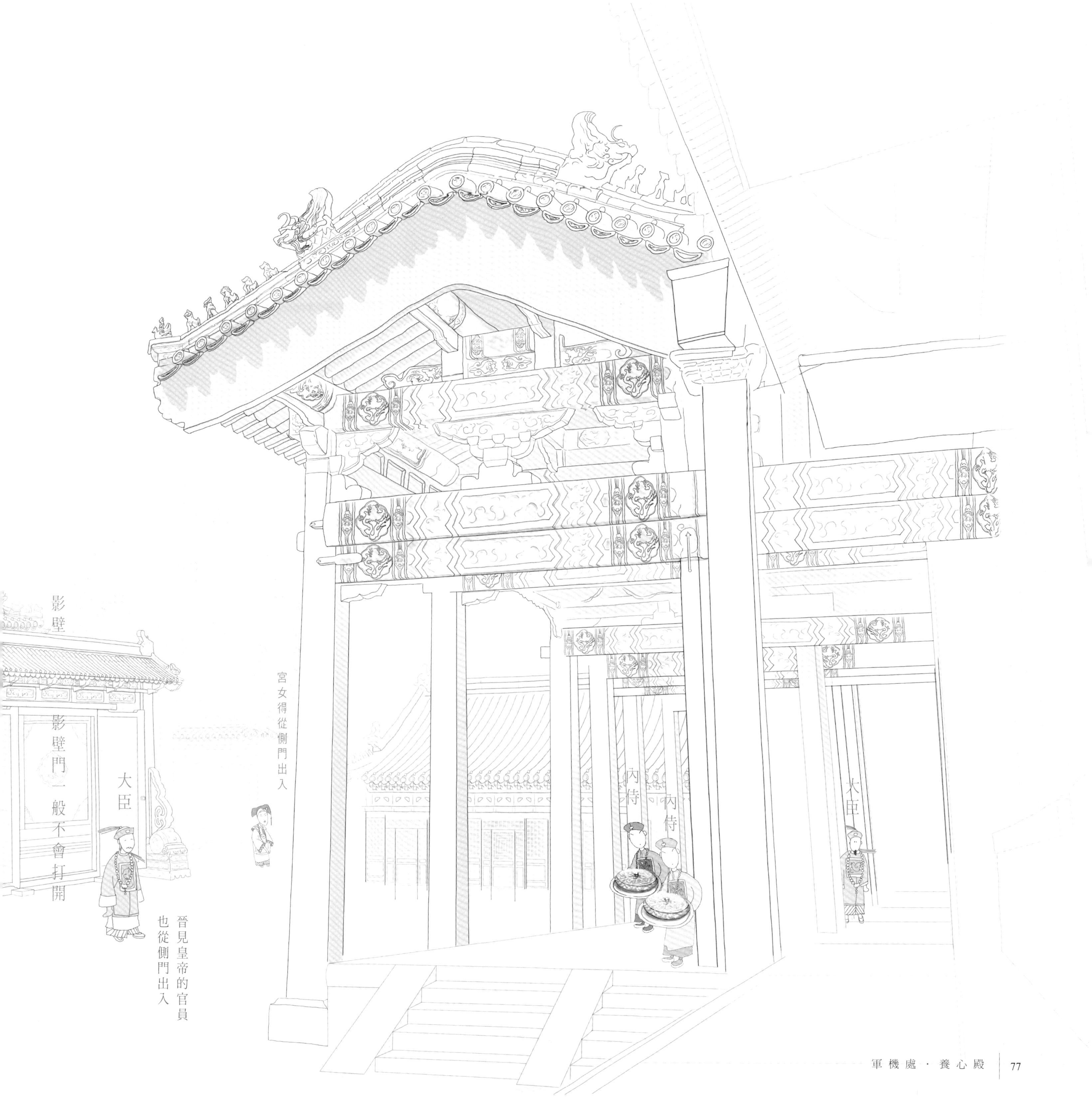
影壁
影壁門一般不會打開
大臣
晉見皇帝的官員
也從側門出入
宮女得從側門出入
內侍
內侍
大臣

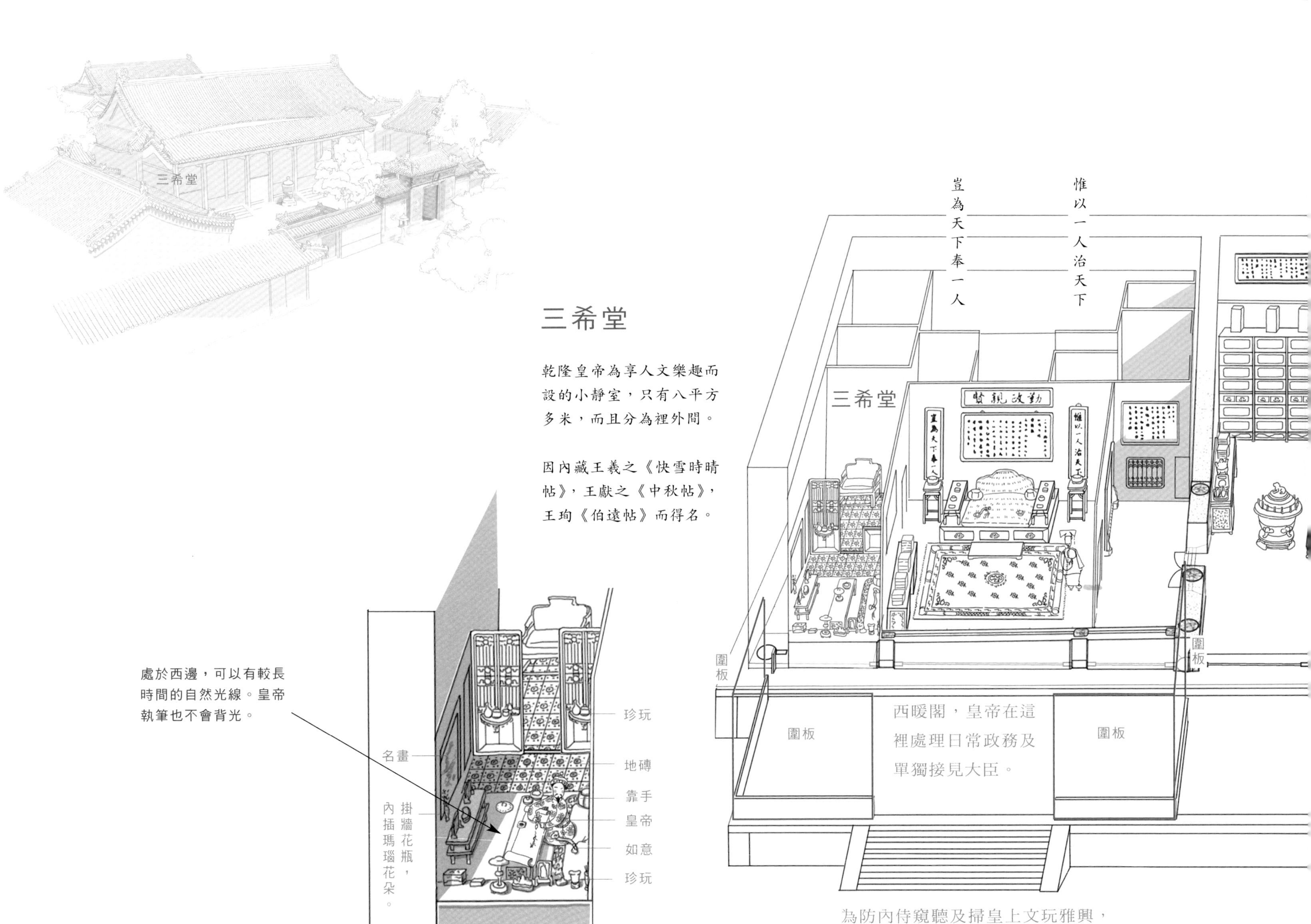

三希堂

乾隆皇帝為享人文樂趣而設的小靜室，只有八平方多米，而且分為裡外間。

因內藏王羲之《快雪時晴帖》，王獻之《中秋帖》，王珣《伯遠帖》而得名。

處於西邊，可以有較長時間的自然光線。皇帝執筆也不會背光。

西暖閣，皇帝在這裡處理日常政務及單獨接見大臣。

為防內侍窺聽及掃皇上文玩雅興，西暖閣及三希堂外加設圍板。

養心殿是宮中最早一批換上大面積玻璃（從廣州入口）的殿宇之一。三希堂與東側明窗一樣，明淨小巧，玲瓏精緻。擁有整個國家，甚至整個天下的皇帝，精神需要舒緩時也只不過是這四平方米（外間）左右的空間。三希堂佈置得舒適妥貼，反映皇帝本身的人文素養和品味，是研究清代貴族世界室內設計的好例子。

碰頭殿磚

殿磚下行行覆瓿，履其上，有空谷傳聲之概。大臣被召見，恩命尤篤。或論者及其祖父，則須碰響頭，須聲徹御前，乃為至敬。然必須重賂內監，指示向來碰頭之處，則聲蓬蓬然若擊鼓矣，且不至大痛，否則頭腫亦不響也。　（《清稗類鈔》）

垂簾聽政

養心殿東暖閣是清末同治、光緒兩朝太后（慈禧及慈安，實由慈禧定奪）垂簾聽政了二十七年的地方。暖閣正中，設皇帝御座，面向西，其後設太后的御座，座呈長方形，長約兩米，寬約一米，上鋪黃緞褥子，座前垂掛一層紗簾。

光緒皇帝「戊戌變法」失敗後，慈禧太后撤去簾子，直接與光緒並坐，進行所謂的訓政。慈禧坐在寶座上，光緒皇帝坐在左首一個小得多的座位上，大臣均跪向太后。

宣統三年農曆十二月二十五日，即公元1912年2月12日，隆裕太后率宣統皇帝在養心殿正式發佈了清室退位詔書。

1924年11月5日，末代皇帝溥儀及皇室成員被逐出紫禁城。

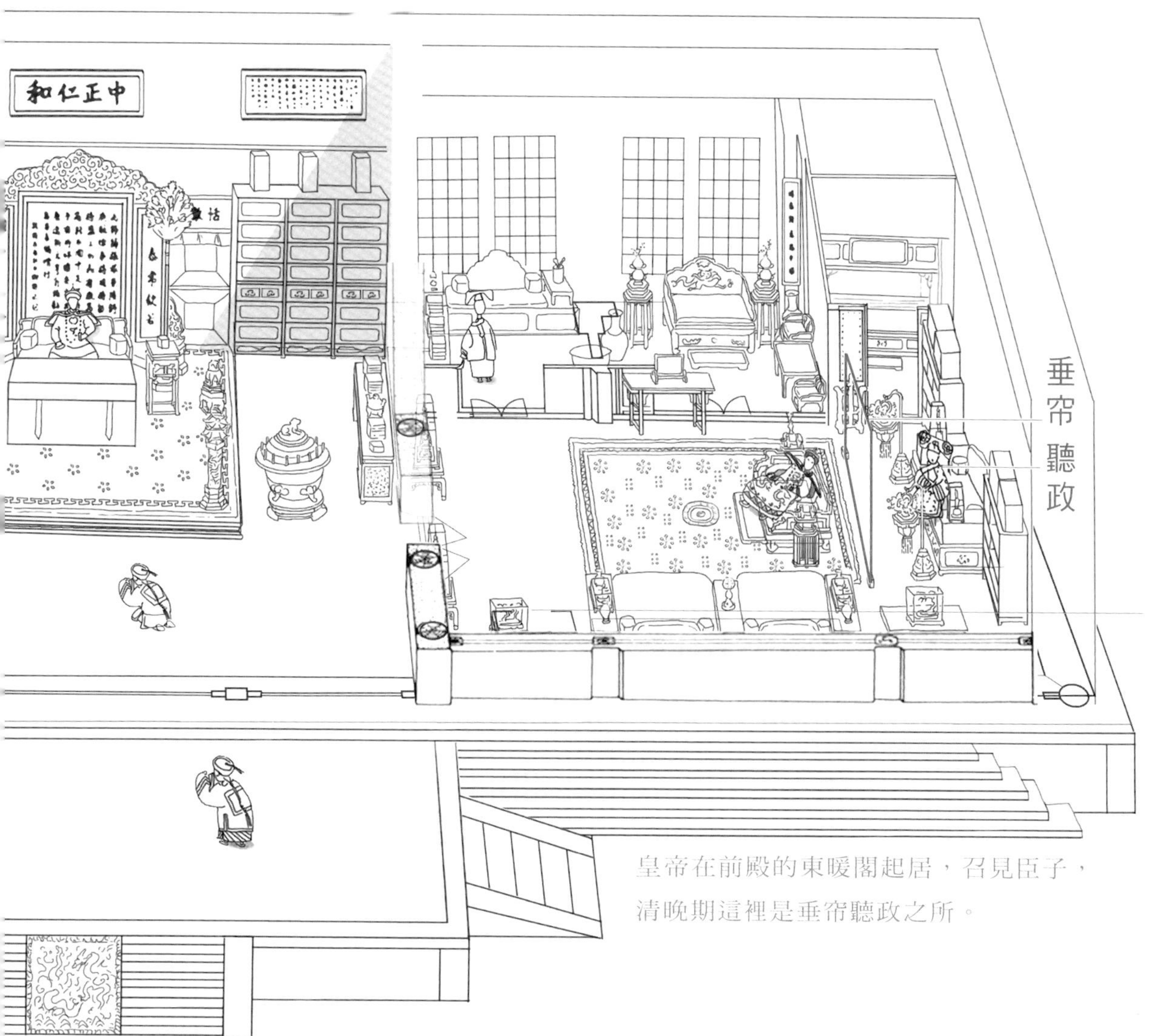

皇帝在前殿的東暖閣起居，召見臣子，清晚期這裡是垂簾聽政之所。

前殿東端房屋，是乾隆皇帝稱之為明窗的地方。元旦子時，舉行「明窗開筆」典禮。位於東側，有利於在朝陽中聽政理事，或書寫閱讀。

內廷宮殿為方便起居和聽政而改動，並沒有像中軸上外朝的殿宇那樣拘泥於嚴格對稱的法則。

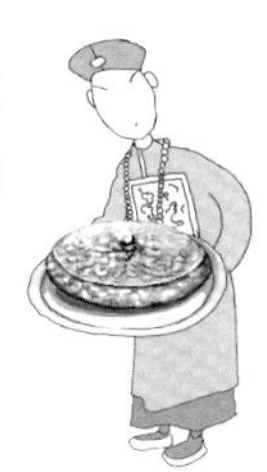

後三宮

面積南北長220米，東西寬120米，
日月相畔，乾坤交泰，
主殿建在2.86米土字形台基上，與前三宮呼應。

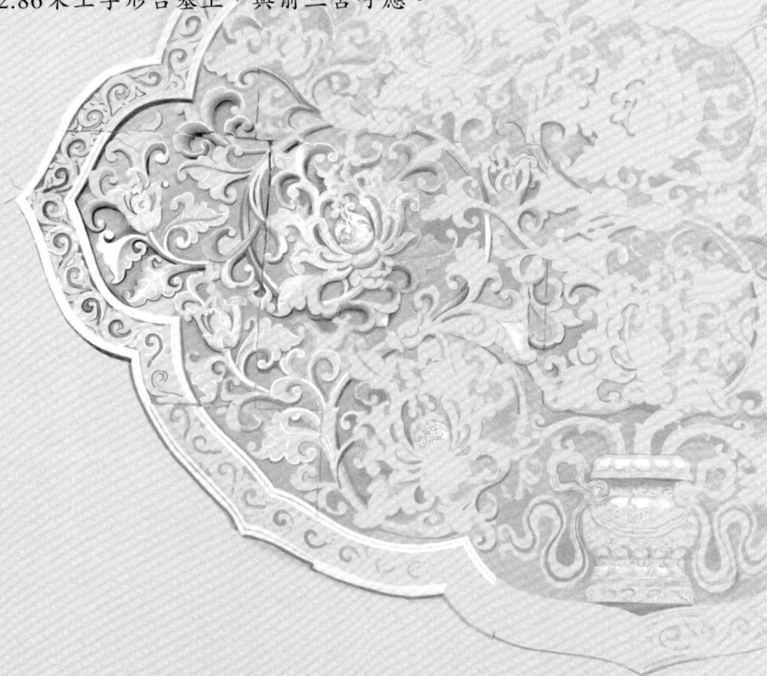

從乾清門左右兩邊，紅牆反抱1.6公里，便是內廷三宮的獨立院落。
外朝與內廷在情調上有明顯的分別，乾清門前兩道琉璃雕花影壁，上面浮雕細緻精美，顯示出內廷與外廷不同的生活氣息。當然，是非一般的皇家生活。

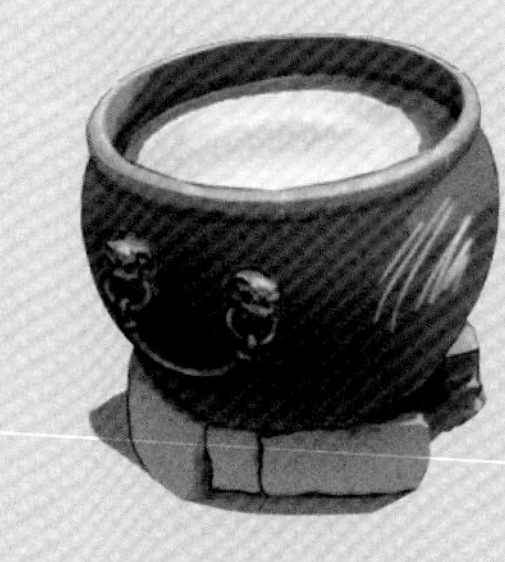

「鍍金海」水缸上的抓刮痕跡，據說是聯軍入宮時，有好金者急於收集所留下的。

水缸

又叫作「吉祥缸」、太平缸、門海。儲水，以備滅火之用。

在紫禁城中，有銅缸、鐵缸共三百零八口。其中清代鎏金銅缸十八口，放置在太和殿、保和殿、乾清門左右。每年到了小雪時令，便會安設缸蓋，蓋中設火炭鐵匣，以防止缸水結冰。在隆冬，水封凍時，熱火處派出太監專責在缸底燒火防凍，直至翌年驚蟄。
明代製作的水缸主要用鐵或青銅，上奢（闊）下儉（窄），耳繫鐵環，較清代的水缸粗糙，造型也較為樸實。

清代製作的吉祥缸中，有鎏金加上獸面鋪首耳環，甚富裝飾性。幾個置於主殿門前上有「大清乾隆年造」字款的「鍍金海」，每個高1.2米，直徑約1.6米，重達三千三百九十二公斤，把宮殿襯托得更加巍峨雄偉。

另有滅火的工具，叫做「激桶」。清代防火意識比明代強，外廷激桶處除了有蘇拉（宮中雜役）負責水缸加水工作等問責完善的制度外，每年又有兩次大型演習，康熙年間甚至曾經禁煙。

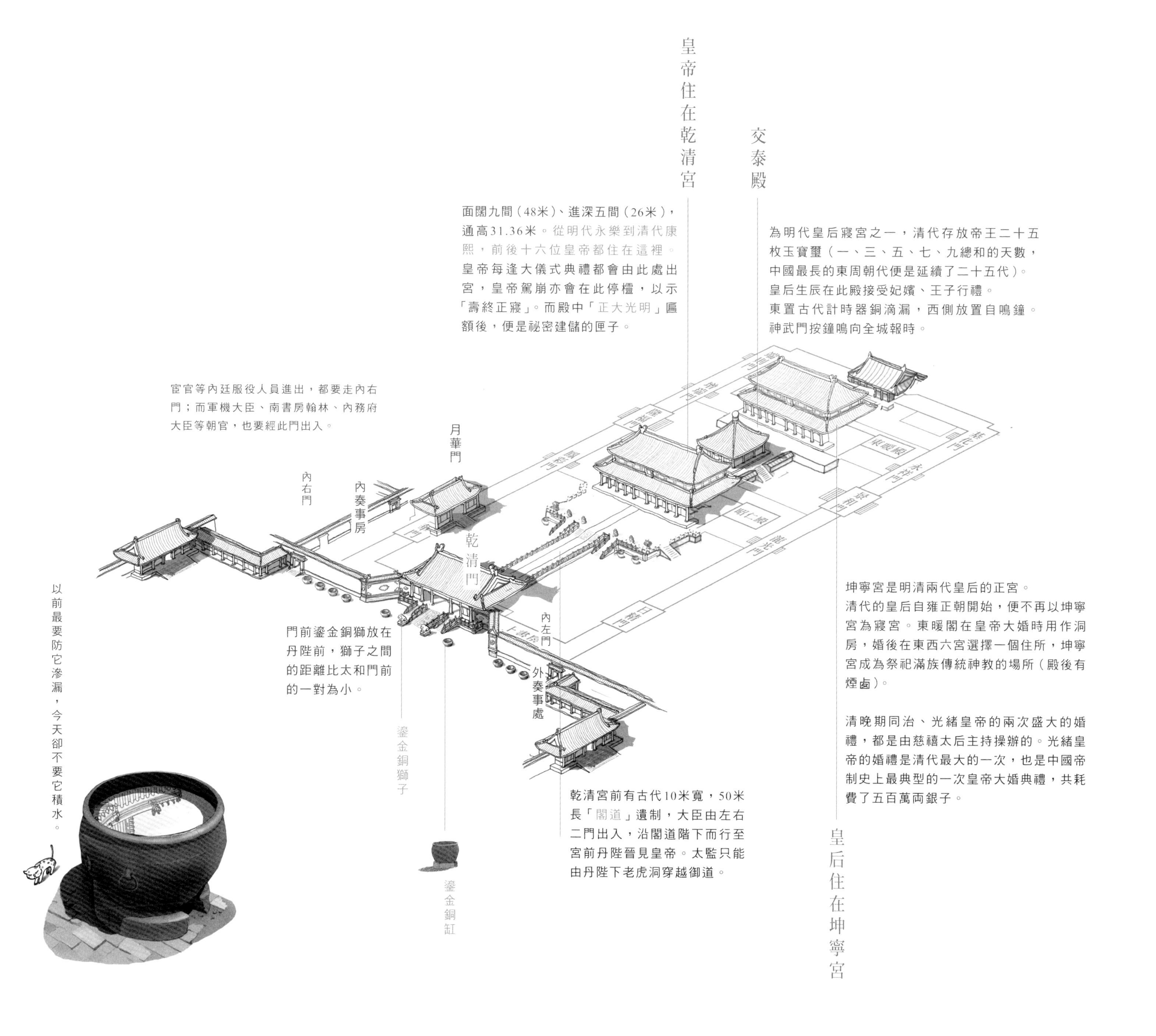

皇帝住在乾清宮
面闊九間（48米）、進深五間（26米），通高31.36米。從明代永樂到清代康熙，前後十六位皇帝都住在這裡。皇帝每逢大儀式典禮都會由此處出宮，皇帝駕崩亦會在此停柩，以示「壽終正寢」。而殿中「正大光明」匾額後，便是祕密建儲的匣子。
交泰殿
為明代皇后寢宮之一，清代存放帝王二十五枚玉寶璽（一、三、五、七、九總和的天數，中國最長的東周朝代便是延續了二十五代）。皇后生辰在此殿接受妃嬪、王子行禮。東置古代計時器銅滴漏，西側放置自鳴鐘。神武門按鐘鳴向全城報時。
宦官等內廷服役人員進出，都要走內右門；而軍機大臣、南書房翰林、內務府大臣等朝官，也要經此門出入。
月華門
內右門
內奏事房
乾清門
內左門
外奏事處
門前鎏金銅獅放在丹陛前，獅子之間的距離比太和門前的一對為小。
鎏金銅獅子
鎏金銅缸
以前最要防它滲漏，今天卻不要它積水。
乾清宮前有古代10米寬，50米長「閣道」遺制，大臣由左右二門出入，沿閣道階下而行至宮前丹陛晉見皇帝。太監只能由丹陛下老虎洞穿越御道。
坤寧宮是明清兩代皇后的正宮。
清代的皇后自雍正朝開始，便不再以坤寧宮為寢宮。東暖閣在皇帝大婚時用作洞房，婚後在東西六宮選擇一個住所，坤寧宮成為祭祀滿族傳統神教的場所（殿後有煙囪）。
清晚期同治、光緒皇帝的兩次盛大的婚禮，都是由慈禧太后主持操辦的。光緒皇帝的婚禮是清代最大的一次，也是中國帝制史上最典型的一次皇帝大婚典禮，共耗費了五百萬兩銀子。
皇后住在坤寧宮

乾清宮千叟宴

康熙六十一年（1722）春，康熙皇帝已居六十九歲，為了預祝自己的七十歲生日，大臣年在六十以上七十人，及京畿的高年老人六百六十人，合計七百三十人出席了皇帝主持的千叟宴。

乾隆五十年（1785）舉行的千叟宴，與宴者多達三千人，殿庭內外擺設筵席八百桌。其中殿內列五十席，丹墀內列二百四十四席，甬道上列一百二十四席，丹墀外左右列三百八十二席。

內奏事房

每天凌晨，各部院呈遞奏摺的辦事員（筆帖式）聚集在東華門外等候。子正（深夜十二點）東華門打開，然後隨著宮內奏事官進入景運門，在外奏事處將奏摺交給外奏事官。凌晨兩點乾清門開啟，外奏事官將奏摺交到內奏事房負責太監，再將奏摺上呈皇帝。一切程序都是都在昏暗中憑著習慣進行。

外奏事處在乾清門外東側值房。

尚乘轎

皇帝在宮中範圍的活動，由太監抬轎往來。

月華門

批本處

亭前垂柳珍重待春風

懋勤殿

用於藏書史。

每年的冬至開始，壁上張掛一幅「九九消寒圖」，上面是「亭前垂柳珍重待春風」九字，每字都是九筆，雙鈎成幅。翰林值班大臣每日填滿一筆，到八十一天後完成，便是春天的開始。

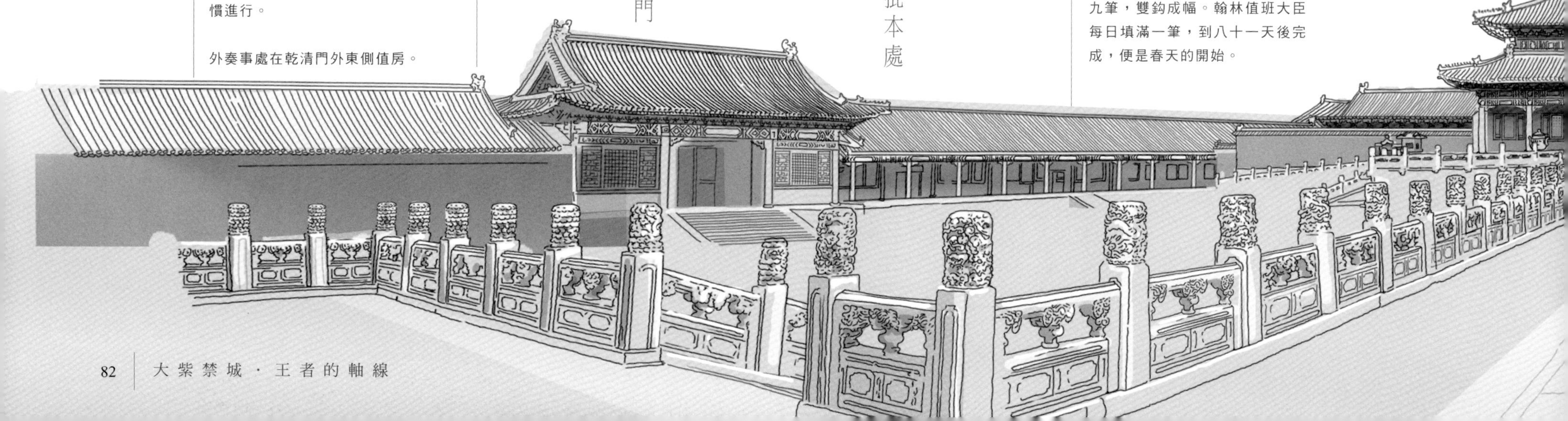

清代宮婢

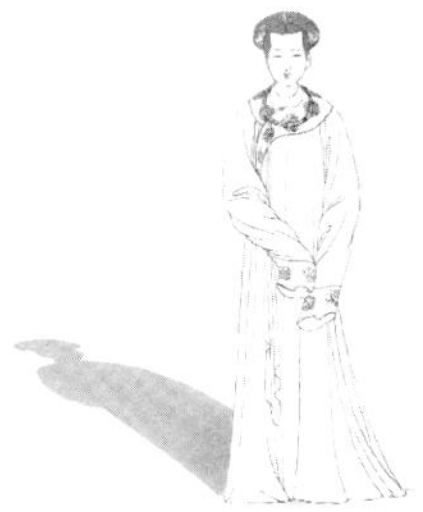

明代宮女終身不得出宮，犯了過失，有罰以提鈴警夜之例。規定從乾清宮前走到日精門，再到月華門，再走回乾清宮前。終夜循環往復。

清代宮婢相對比明代幸福，有服役年限，期滿有機會外放婚嫁。

皇上住在乾清宮

御茶房

負責提供皇帝所用茶水、果點、宮中各處的供品，及參與各節令筵席。

端凝殿

取端冕凝旒之義，用於貯冕弁。

自鳴鐘處

始於明代，清初沿襲。皇帝起居的洗浴和便溺既十分重要，但又不宜張揚，故以自鳴鐘處的雅名，方便行動。

日精門

御藥房

宮中值班太醫總部，另外還有五處值班點，寧壽宮、慈寧宮、鍾粹宮、壽康宮、壽安宮，總稱為六值。

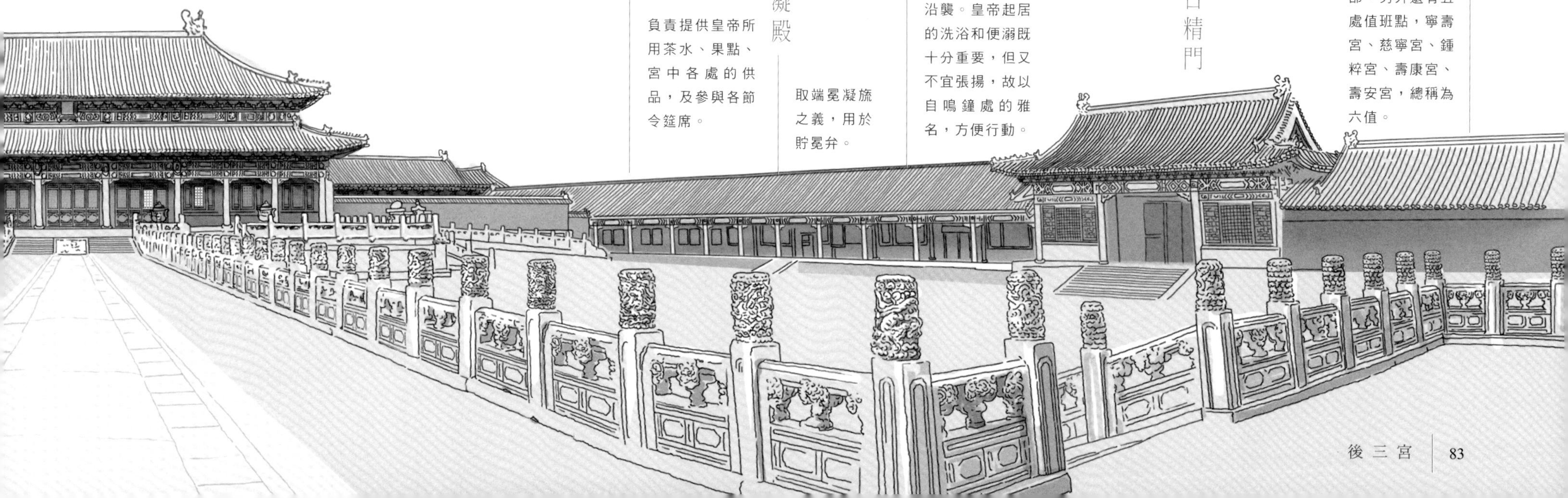

東西六宮與御花園

中路是皇帝

紫禁城的後宮基本上也可以分為三路：

外東路是太上皇宮院——寧壽宮（乾隆三十六年至四十一年興建）、外西路是始建於明嘉靖年間的皇太后宮院群——慈寧宮。

兩路中間便是皇帝、皇后的寢宮範圍。

中路三宮以乾坤兩宮為綱，日月雙門為輔，左右平均分佈著東西六宮，後設東西五所，象徵著十二星宿，天干地支之數。

唐代詩人以「後宮佳麗三千」來形容帝王妃嬪如雲，明代後宮佳麗則是三千、三千又三千，總共是九千之數。以外內朝面積大約是六與四的比例計算，明代這九千奴婢妃嬪的一生便是在佔地289,453.2平方米的空間度過。

單以後寢宮（後廷三宮加上東西六宮）的範圍來看，東西寬450米，南北深310米，面積為139,500平方米。

東西六宮，分佈在靠近後廷三宮左右兩邊。像在一個九宮格中靠近中路的六個方格，長闊均各50米。

東西六宮原本都是統一格式「一正殿，兩廂房，前後兩進」的三合院，各自佔地2,500平方米。每一宮的主人（妃嬪），在最平等的競爭底下，也要擊敗八千九百八十八個對手才有機會入主其中一個宮殿。失手的女性，還要沾上好運才能在這些宮殿服役，餘者命運無從想像。

東西兩路宮院相距約150米，同一路的兩座宮院之間就只隔著一條幾米寬的長巷，可就算是兩個毗鄰而居的宮女卻也許一生也沒有機會和對方相遇上。

故此，上面的說法又要修正：一個好運的宮女，一生可能就在佔地2,500平方米的空間裡度過。

順治十二年定例：乾清宮設夫人一，淑人一，婉侍六，柔婉、芳婉各三十。皇后不算，總共六十八個妃嬪，還有無定額的高低級別的執役婢女。

太后宮十二名高級宮女，依次皇后宮十名，皇貴妃身邊八名，貴妃身邊八名，妃、嬪身邊各六名，貴人身邊四名，常在身邊三名，答應身邊二名。

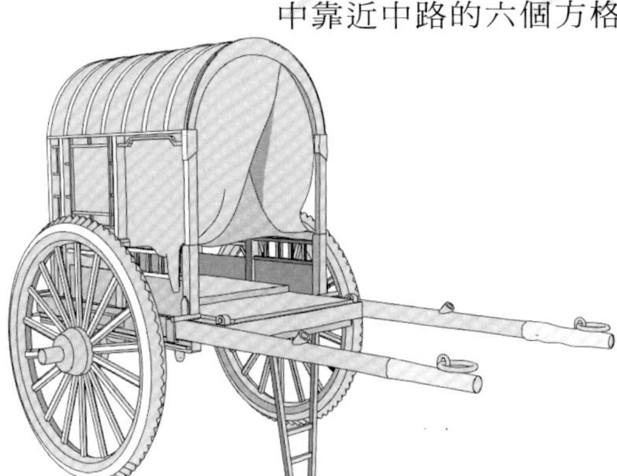

端門城樓展覽會內陳列八國聯軍入京，慈禧出亡西安所坐的同類型車子，可能事出倉卒，並不怎樣舒適。

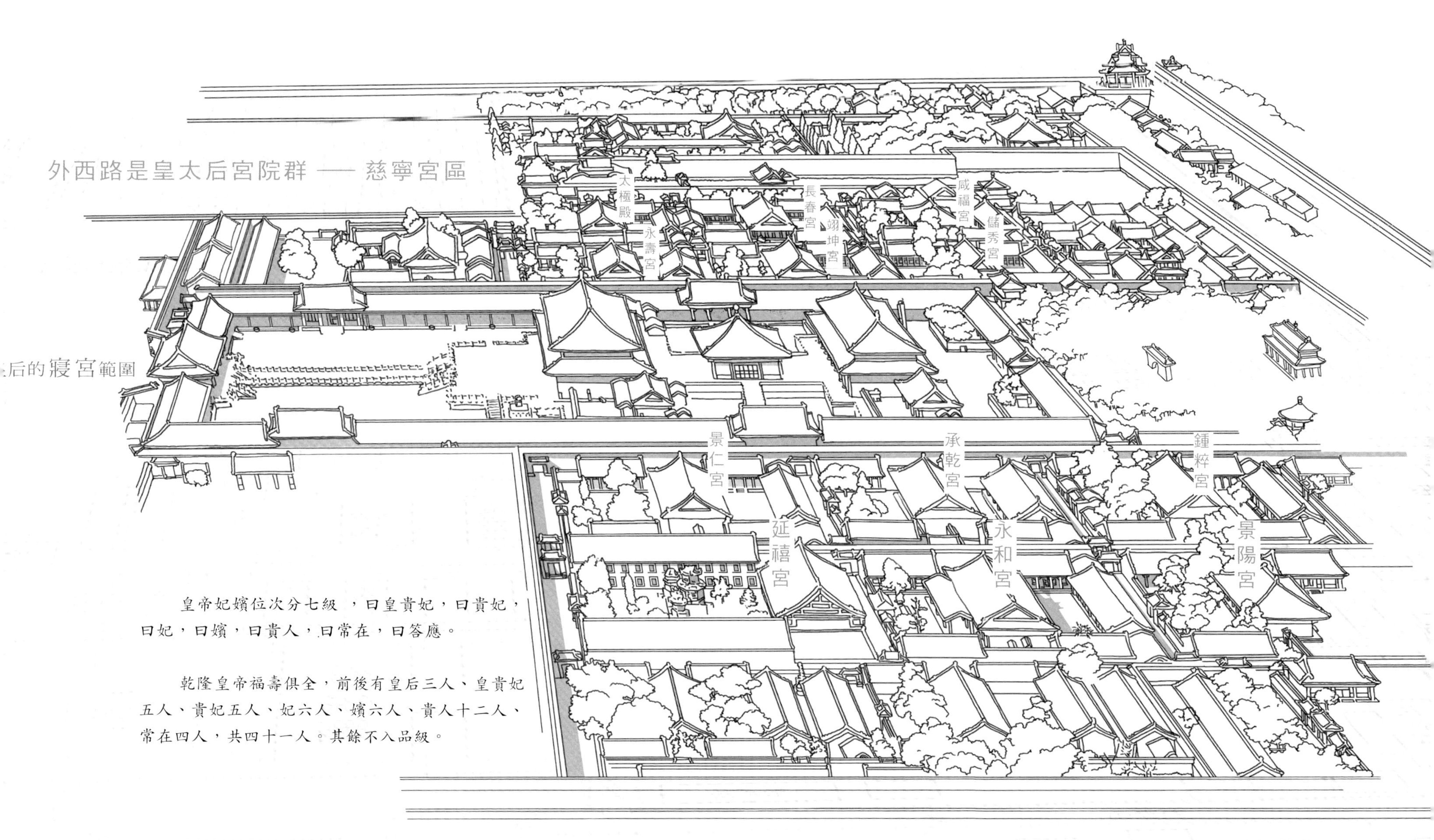

皇帝妃嬪位次分七級 ，曰皇貴妃，曰貴妃，曰妃，曰嬪，曰貴人，曰常在，曰答應。

乾隆皇帝福壽俱全，前後有皇后三人、皇貴妃五人、貴妃五人、妃六人、嬪六人、貴人十二人、常在四人，共四十一人。其餘不入品級。

孝欽（慈禧）后視朝時之儀從

孝欽后之出寢殿而往視朝也，輒坐敞轎，以身衣禮服之內監八人舁之。李蓮英扶轎行其左，別有一二內監行其右，轎前有五品太監四人，轎後有六品太監十二人，各持衣鞋巾梳刷香粉香爐銀硃筆墨黃紙旱煙水煙及各式鏡；最後一人持黃緞椅；尚有阿媽二人，宮眷四人，亦各持有物品。德宗亦步行在轎右，皇后與阿媽宮眷均行於轎左。

（《清稗類鈔》清・徐珂編撰 中華書局）

慈禧太后平素在宮內往來，光緒皇帝、皇后，連太監三、四十人隨行侍候，排場很大。《宮女談往錄》（金易、沈義羚著）裡面有第一身的宮女故事，在她們心目中的慈禧太后和我們所理解的很不同，是個既關心國事，又體恤下人的和藹太后。

清室覆亡，遣出太監宮女千數百人。這些太監宮女在皇宮裡，固然沒沒無聞，離開了皇宮之後的下場，更不在歷史裡。

外東路是太上皇宮院 —— 寧壽宮

每座宮院的待遇隨著居住的妃嬪是否得寵而有雲泥之別，《清稗類鈔》內記載孝欽皇后（慈禧）睡覺時，除了有高級首領太監值班「押風」外，更有近百名小太監無聲站崗，與《宮女談往錄》有點出入，書中說寢宮內容不得侍寢宮女以外的人進入，大小太監可能只能在外圍當值。

可以肯定的是有些冷宮的主子要靠太監出宮外兜售針活來補貼開支度日。電視連續劇往往煽情地說，皇宮內沒有一口井的水是可以喝下肚子裡的，因為每一口井都有過宮女跳下去自沉的悲劇。說得誇張，可明代卻真箇發生因膳食不均而餓死宮女之類令人心酸的故事。

又，明代有太監十萬人，除部分太監住在紫禁城西邊沿河以西與城牆中間的狹長地帶外（金水河在這裡再次發揮劃分內外的功能），大部分都是住在宮外皇城範圍。否則，以流傳中明初紫禁城落成時有九千九百九十九間的完滿說法（四根柱之間為一間，目前故宮一直在進行重建整修，現存大約是八千七百間，共九百八十幢殿宇房屋）。十萬之數，即每四根柱中間便站著十個太監。加上太監亦只限在內廷執役活動，密度勢必倍增，就算輪班，也未免太擁擠了。

先朝嬪妃退居別宮者，每月分例銀至薄，
不足自給，往往作針黹，令內監鬻於市肆。

明初興建後廷十二宮時，全都採取統一規劃的格式，後來才逐漸因個別的身份和權力而佔居一個或幾個宮院，甚至打通（西六宮在清代已變成三個四進的大宮院）。

本書插圖的角度，在以往根本不可能看到。生活在任何一個宮院的女眷也不會知道自己到底是在皇宮的甚麼地方。貿然闖入大內的人，也會在這些標準單位的宮巷裡迷途。

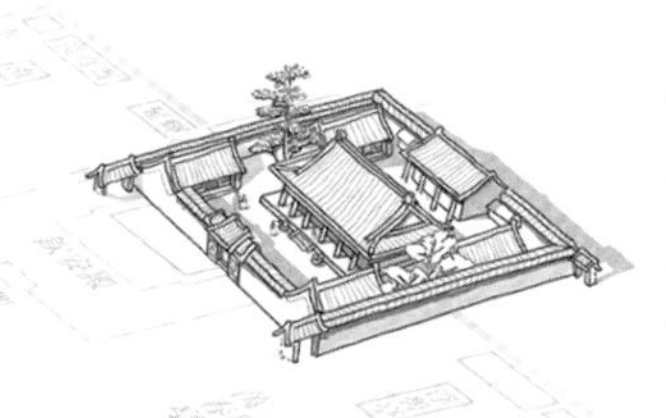

標準單位

後宮順貞門便是皇宮挑選秀女的地方。清宮挑選八旗秀女（服侍皇上及妃嬪的高級宮女，可望升級），每三年舉行一次，而挑選內務府三旗的秀女（下役，無望升級），每年都要舉行。各旗每年要將本旗內十四至十六歲的少女造冊上報。

順貞門外，清代中期以後，宮中女眷常在這裡與親人會面。
相反，明代的宮女是不能活著出宮的。

順貞門

《南史・齊東昏侯紀》：鑿金為蓮華以帖地，令潘妃行其上，曰：「此步步生蓮華也。」後因稱女子纏過的小腳為「金蓮」。

一千年後

高宗（乾隆）嘗選秀女，忽見地上現粉印若蓮花，因問。有一女雕鞋底作蓮花形，中實以粉，固使地上蓮花隨步而生。

出格的秀女大概看過五代的故事，只是不知道「點子」由皇帝所出與「自行創作」的分別。再者，「齊昏侯」又怎能與當今聖上搞在一塊兒！結果，粉都撲了一鼻子，乾隆皇帝大怒，「遽令內監逐之」。

又過兩代，文宗皇帝於咸豐九年（1859）冬親自挑選秀女，準秀女晨早已在宮殿階前恭候，皇上卻久未露面。眾少女在寒風中哆嗦，其中一個受不了要離開，被主持的內監喝止，發生口角，這名少女大聲說：

「我以為朝廷做事，秩序分明。現在四處戰事紛起，京中糧餉日短，城內居民只靠吃粥度日。百姓家無宿糧，父子不相保，朝廷既不選用將相，召見賢士。就是今日選了妃嬪，明日又挑秀女。總聽聞古代那些無道昏庸的皇帝，當今聖上又有甚麼分別？」

當時咸豐皇帝正從殿後屏風轉出來，問何故吵鬧，各少女「恐怖失色，莫能對」。這名女孩趨前下跪，將上面的說話原原本本再向咸豐覆述，很有「一人做事，一人當」的氣概。結果皇上氣短，罷選收場。少女壯舉，名動京師，「君子以為能直辭」。

幾百年中發生一次，沒有值得大快人心的地方。少女的膽色，夠得上「女俠」有餘，記下來則稱她為「女童」。故事叫做《直辭女童傳》，出於清末王闓運。作者又記：上（皇上）他日以事降其（女童父親）階。又另有記述，罷選後，剛好有官員喪偶，「遂以女指婚之」，結局一點也不大快人心。

北京皇城內，有吉安所殿宇一處，係專為身份低的後宮女子，如常在、答應之輩而設，有失寵的妃嬪亦在內，每遇她患有重病，或臨時暴亡者，宮內不得停留，須立即抬至吉安所，此殿今尚存，在景山東街（明代有安樂堂，現僅存地名）。宮人死後叢葬於阜城門外，舊日文人每有憑弔，稱其地為宮人斜。
（《我在故宮七十年》之〈清代秀女考述〉單士元著 北京師範大學出版社）

「……（紫禁城）佔地面積為北京城的1/49.5，近於1/50。由此推知，永樂間建北京城時，儘管受元大都舊城的種種限制，但在確定紫禁城位置和面積時，仍四把它與城市作為一個整體統一規劃的。《周易・繫辭上》有『大衍之數五十，其用四十有九』的說法。……古人建宮室講究『上合天地陰陽之數』，以建『萬世基業』。上述比例關係極可能是採用大衍之數的說法的結果。」

（《傅熹年建築史論文集・關於明代宮殿壇廟等大建築群總體規劃手法的初步探討》傅熹年著 文物出版社）

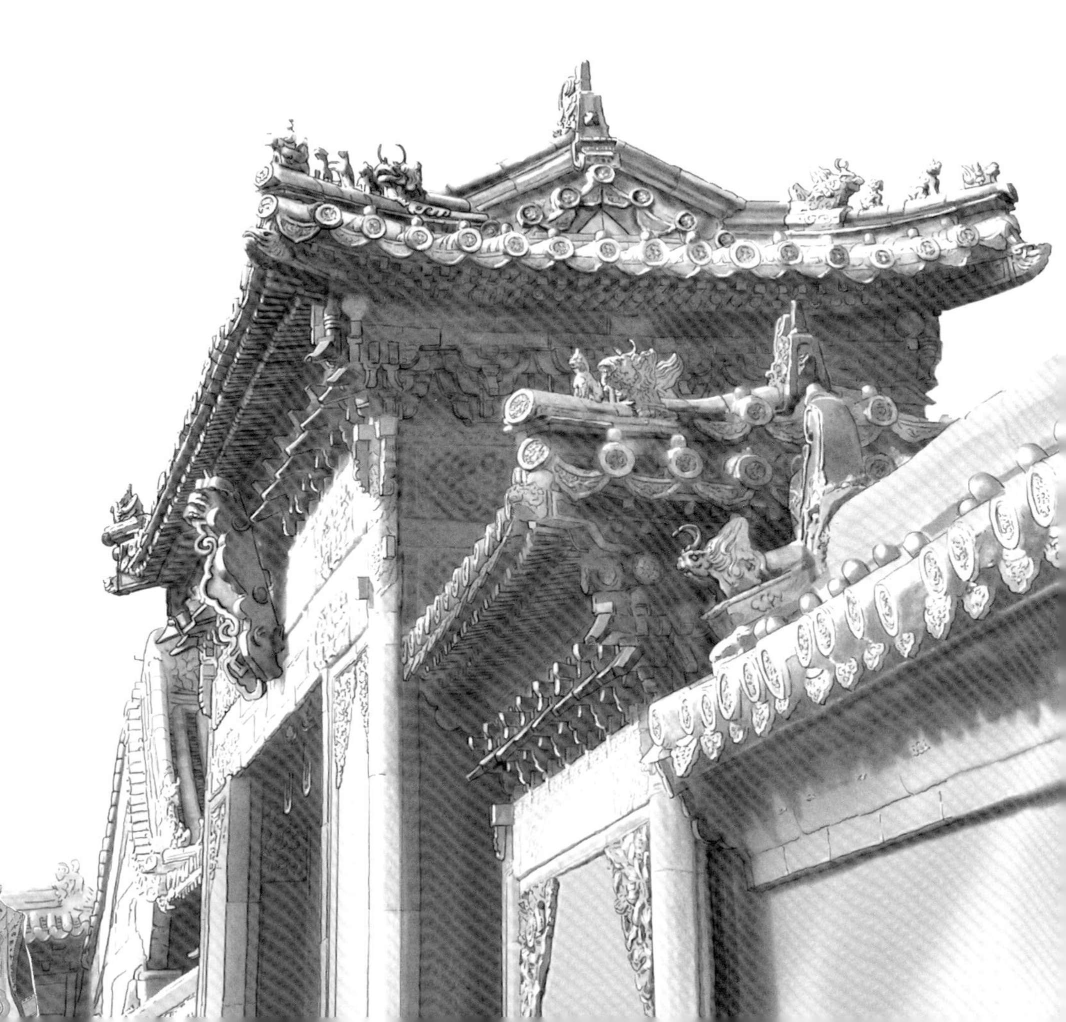

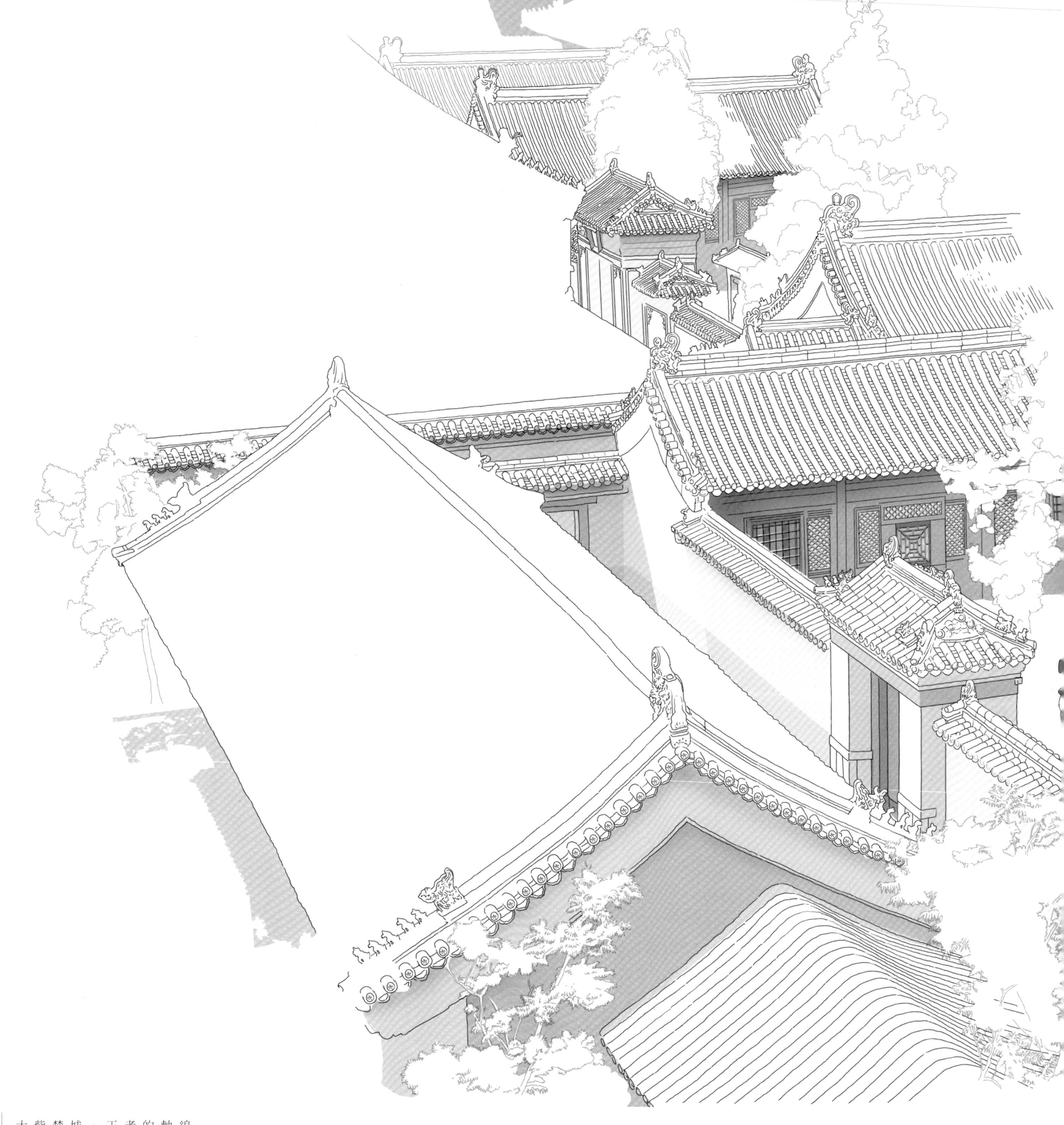

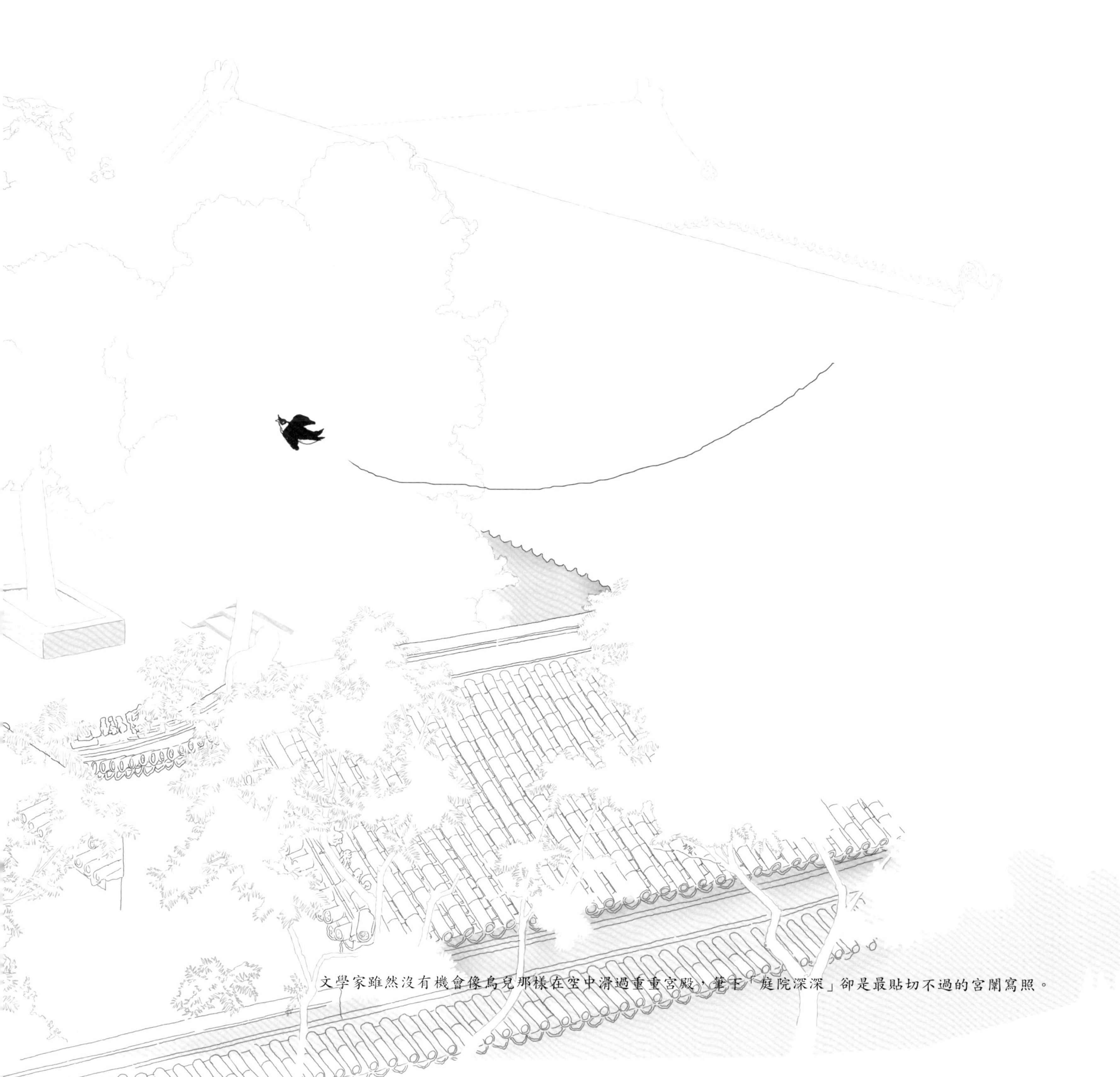

文學家雖然沒有機會像鳥兒那樣在空中滑過重重宮殿，筆下「庭院深深」卻是最貼切不過的宮闈寫照。

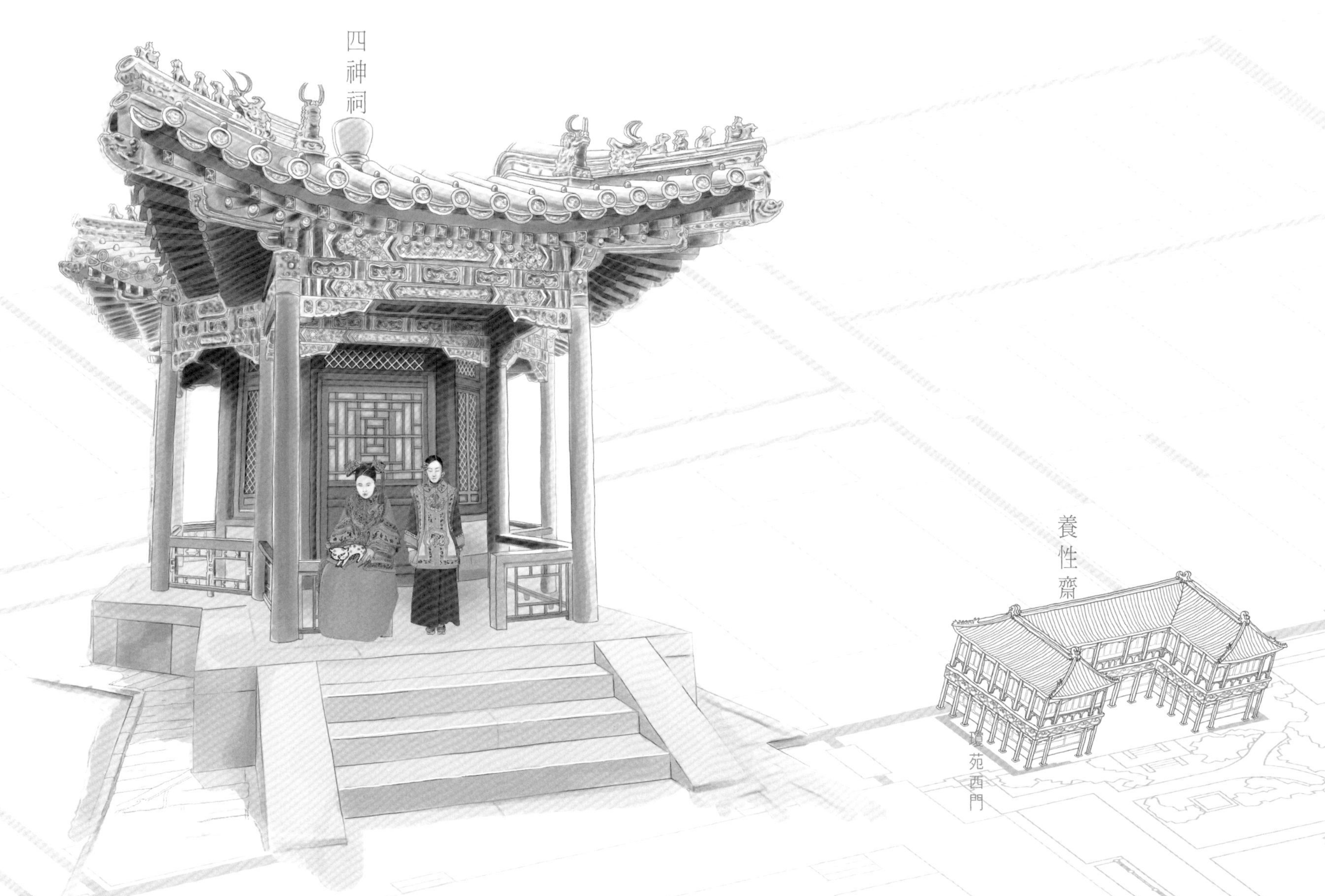

御花園

從坤寧門出來便是紫禁城中軸上的最後一個段落。

在整個宮城內共有四個皇家花園，分別是東路寧壽宮的乾隆花園、西路慈寧宮的慈寧花園，西北面的建福宮花園。其中慈寧花園已荒廢、建福宮花園剛完成第一期的重建（後述）、乾隆花園以精緻著名，而面積最大的便是位於內廷三宮之後，這個一般稱為御花園的御花園。

御花園在明代又叫做「宮後苑」，也許來得更貼切。真正的御花園應數有「萬園之園」稱號的圓明園、慈禧太后的頤和園、近在紫禁城西側的西苑，及稍遠的承德避暑山莊。

古代豪門每有「別苑」的「渡假」或退官閑居的意識，所居住的合院的林木佈置，作用固然是日常生活中的精神舒緩，惟與真正的花園仍有點距離，與規模龐大的別苑更不一樣。

紫禁城內的幾座花園，在比例上佔地不大，故此都在精緻上著墨，務求令到皇帝在政務之餘，擁有稍涉野趣的點綴空間。園內嘉樹奇石，亭台相望，走道都是一幅幅用石子鑲崁的圖畫，佈置得非常仔細。與西方皇宮那種幾乎連「時間」也鎖住的幾何式花園比較，御花園總算也順天應時地保留著花開花落的四時流動，而不致僅僅是個讓人走進去的超級大盆栽。

走出御花園，前面便是雄偉的神武門，由此而出，紫禁城的軸線算是告一段落。一條線，總要再畫下去才可以畫出一個面出來。可以的話，攀上景山最好，看軸線如何再延伸到北面的鐘鼓樓；剛走過的王者的軸線，兩旁枝葉在日光底下，盡是富貴金黃。

從這軸線的最高點俯瞰，本來呈長方形的紫禁城，看到的卻總是堂堂方正的宮城。

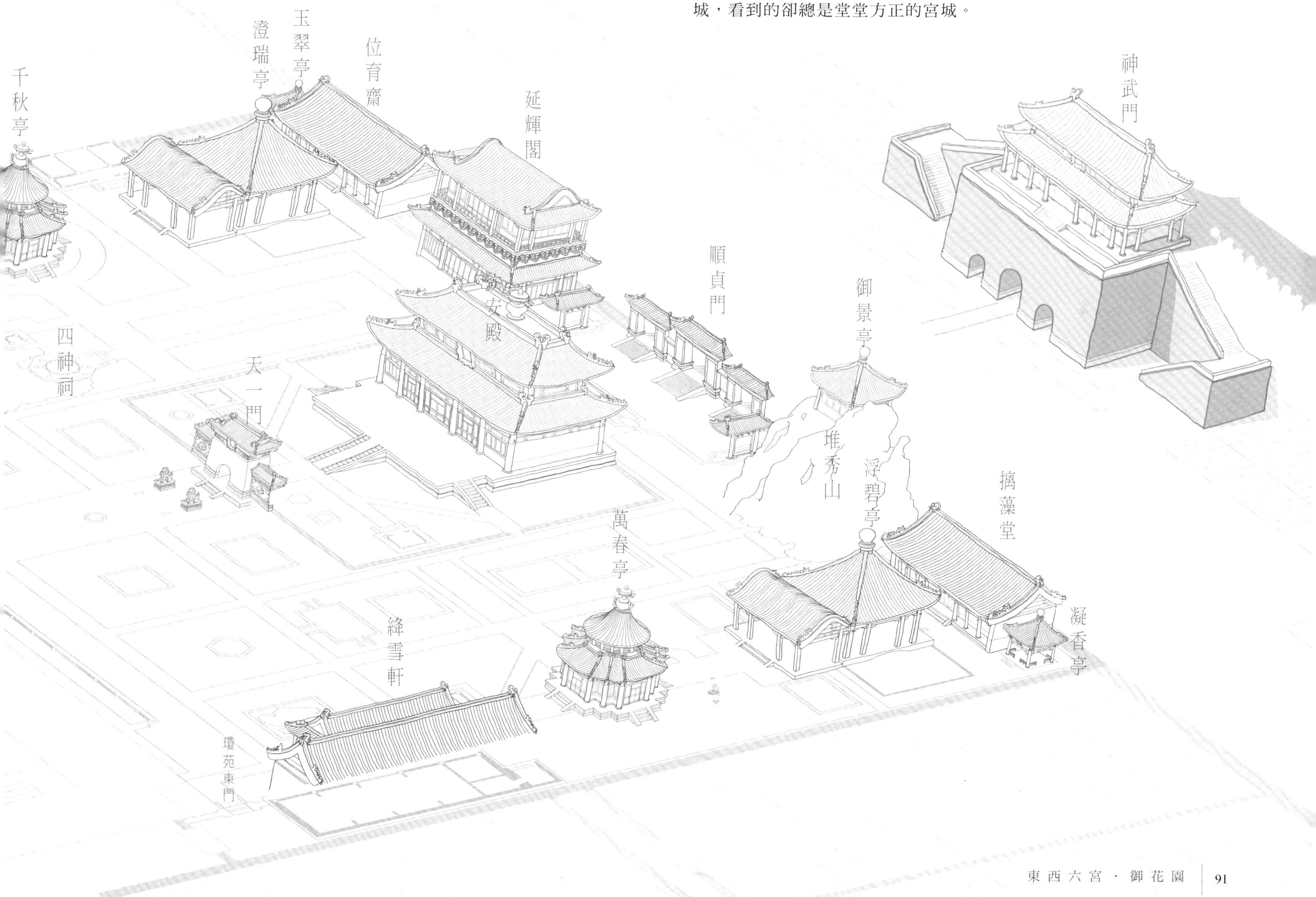

後廷東西路及東西六宮

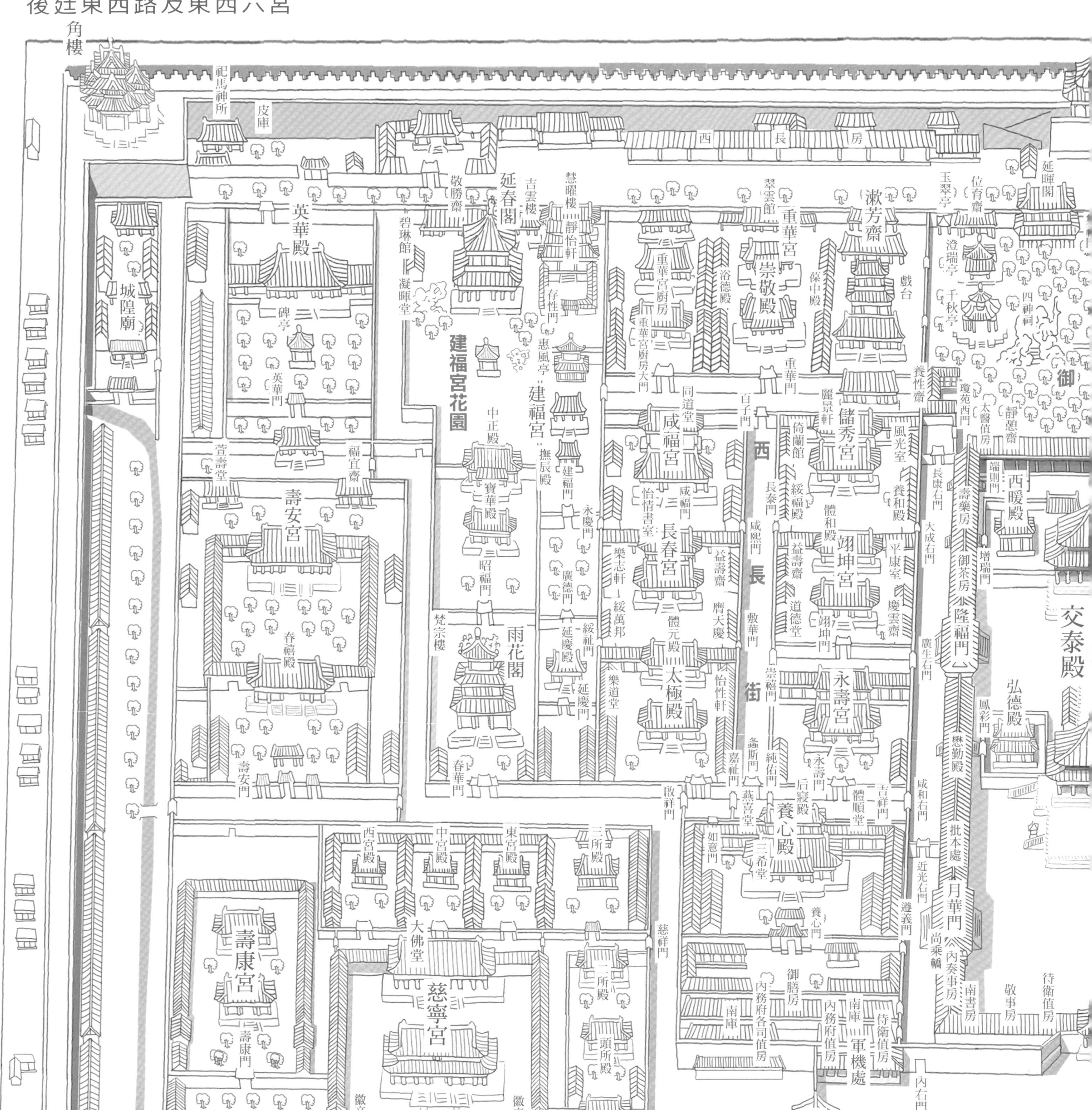

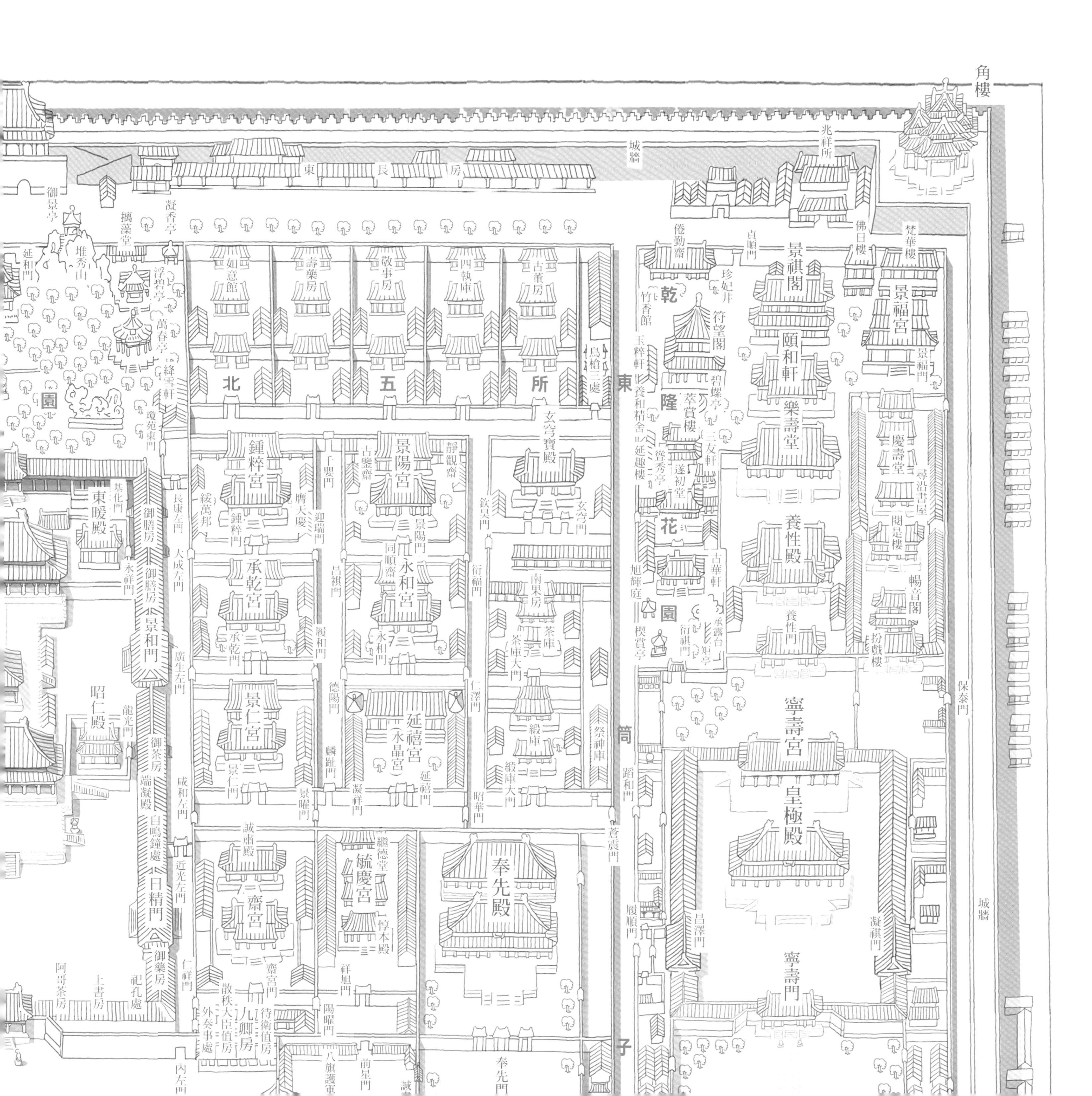
角樓
城牆
東長房
兆祥所
御景亭
摛藻堂
凝香亭
延和門
堆秀山
浮碧亭
萬春亭
絳雪軒
園
瓊苑東門
如意館
壽藥房
敬事房
四執庫
古董房
鳥槍三處
北五所
倦勤齋
貞順門
景祺閣
佛日樓
梵華樓
景福宮
珍妃井
竹香館
符望閣
頤和軒
玉粹軒
碧螺亭
萃賞樓
養和精舍
延趣樓
三友軒
聳秀亭
遂初堂
乾隆花園
樂壽堂
慶壽堂
尋沿書屋
景福門
閱是樓
養性殿
古華軒
旭輝庭
承露台
矩亭
禊賞亭
衍祺門
養性門
暢音閣
扮戲樓
保泰門
東筒子
玄穹寶殿
鍾粹宮
景陽宮
靜觀齋
古鑒齋
千嬰門
綏萬邦
膺天慶
鍾粹門
景陽門
迎瑞門
欽昊門
玄穹門
東暖殿
基化門
御膳房
長康左門
承乾宮
永和宮
同順齋
昌祺門
衍福門
南果房
大成左門
永祥門
景和門
承乾門
履和門
永和門
茶庫
茶庫大門
廣生左門
昭仁殿
龍光門
景仁宮
德陽門
延禧宮
（水晶宮）
仁澤門
緞庫
祭神庫
御茶房
端凝殿
自鳴鐘處
景仁門
麟趾門
凝祥門
延祺門
昭華門
緞庫大門
咸和左門
景曜門
蹈和門
寧壽宮
皇極殿
誠肅殿
繼德堂
毓慶宮
奉先殿
蒼震門
近光左門
日精門
齋宮
惇本殿
履順門
昌澤門
凝祺門
御藥房
仁祥門
齋宮門
祥旭門
寧壽門
阿哥茶房
上書房
祀孔處
散秩大臣值房
外奏事處
九卿房
侍衛值房
陽曜門
八旗護軍
前星門
奉先門
內左門

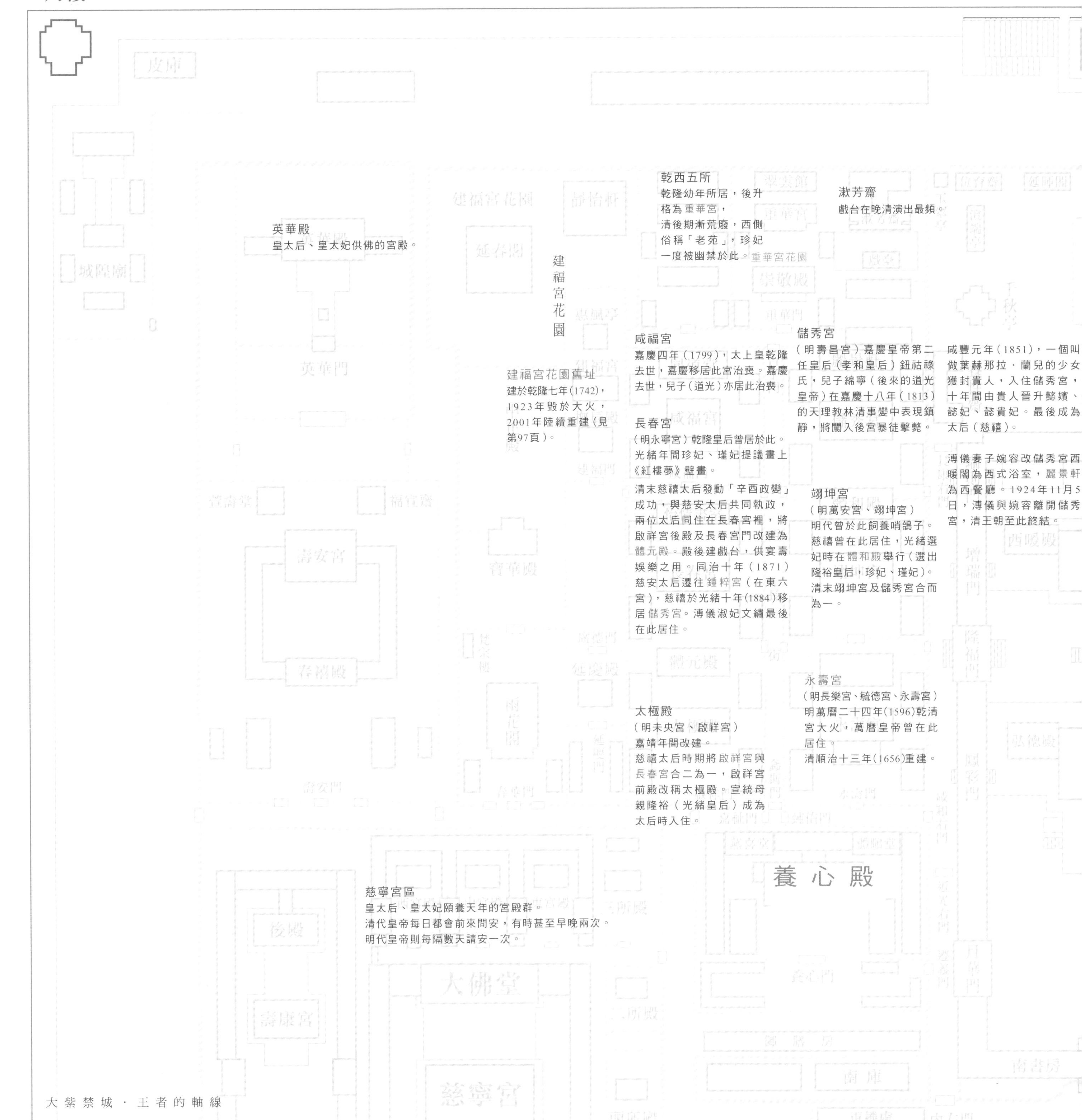
英華殿
皇太后、皇太妃供佛的宮殿。
建福宮花園
建福宮花園舊址
建於乾隆七年(1742)，1923年毀於大火，2001年陸續重建(見第97頁)。
乾西五所
乾隆幼年所居，後升格為重華宮，清後期漸荒廢，西側俗稱「老苑」，珍妃一度被幽禁於此。
漱芳齋
戲台在晚清演出最頻。
咸福宮
嘉慶四年(1799)，太上皇乾隆去世，嘉慶移居此宮治喪。嘉慶去世，兒子(道光)亦居此治喪。
儲秀宮
(明壽昌宮)嘉慶皇帝第二任皇后(孝和皇后)鈕祜祿氏，兒子綿寧(後來的道光皇帝)在嘉慶十八年(1813)的天理教林清事變中表現鎮靜，將闖入後宮暴徒擊斃。
咸豐元年(1851)，一個叫做葉赫那拉·蘭兒的少女獲封貴人，入住儲秀宮，十年間由貴人晉升懿嬪、懿妃、懿貴妃。最後成為太后(慈禧)。
溥儀妻子婉容改儲秀宮西暖閣為西式浴室，麗景軒為西餐廳。1924年11月5日，溥儀與婉容離開儲秀宮，清王朝至此終結。
長春宮
(明永寧宮)乾隆皇后曾居於此。光緒年間珍妃、瑾妃提議畫上《紅樓夢》壁畫。
清末慈禧太后發動「辛酉政變」成功，與慈安太后共同執政，兩位太后同住在長春宮裡，將啟祥宮後殿及長春宮門改建為體元殿。殿後建戲台，供宴壽娛樂之用。同治十年(1871)慈安太后遷往鍾粹宮(在東六宮)，慈禧於光緒十年(1884)移居儲秀宮。溥儀淑妃文繡最後在此居住。
翊坤宮
(明萬安宮、翊坤宮)
明代曾於此飼養哨鴿子。
慈禧曾在此居住，光緒選妃時在體和殿舉行(選出隆裕皇后，珍妃、瑾妃)。
清末翊坤宮及儲秀宮合而為一。
永壽宮
(明長樂宮、毓德宮、永壽宮)
明萬曆二十四年(1596)乾清宮大火，萬曆皇帝曾在此居住。
清順治十三年(1656)重建。
太極殿
(明未央宮、啟祥宮)
嘉靖年間改建。
慈禧太后時期將啟祥宮與長春宮合二為一，啟祥宮前殿改稱太極殿。宣統母親隆裕(光緒皇后)成為太后時入住。
養心殿
慈寧宮區
皇太后、皇太妃頤養天年的宮殿群。
清代皇帝每日都會前來問安，有時甚至早晚兩次。
明代皇帝則每隔數天請安一次。

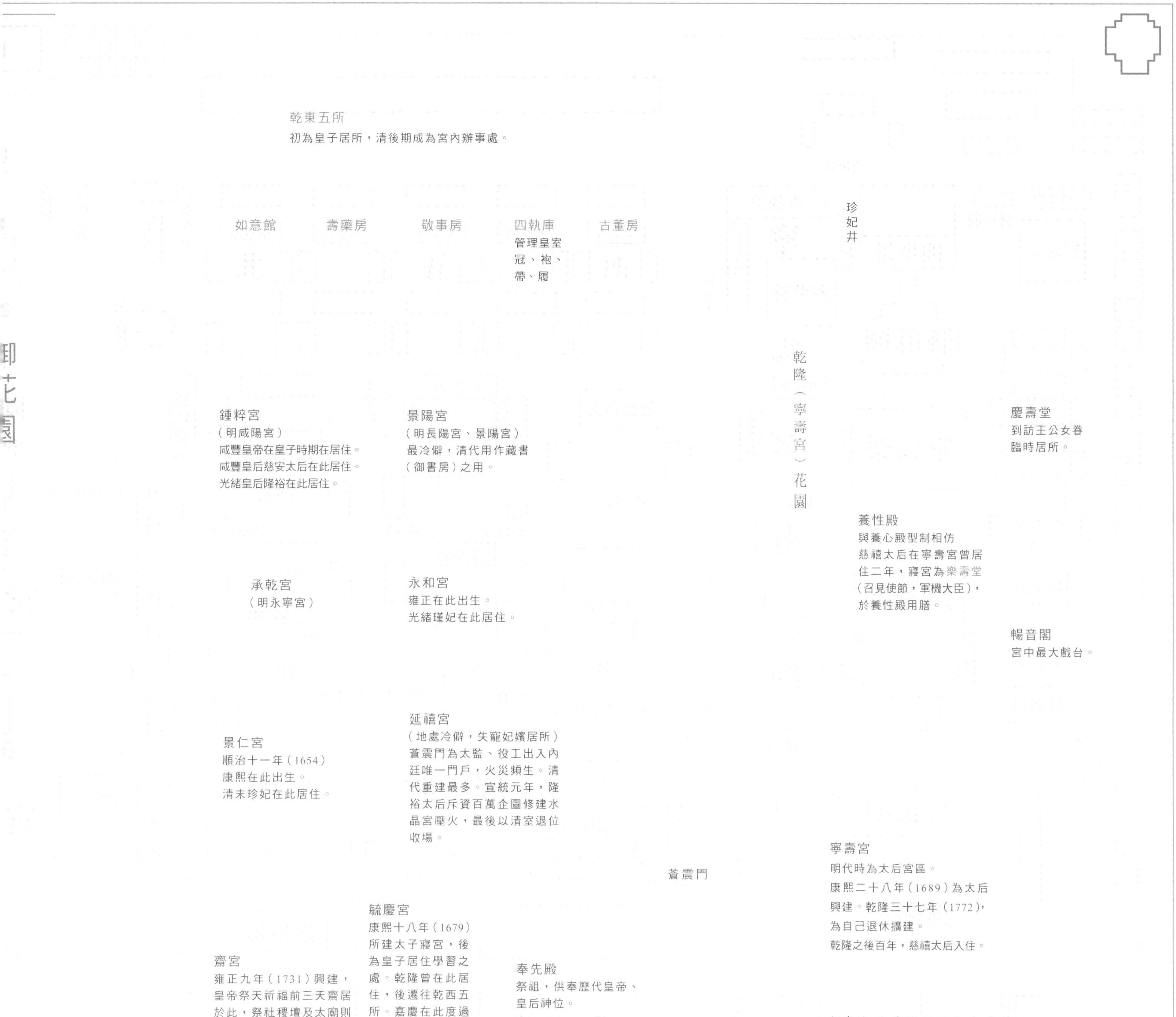

乾東五所
初為皇子居所，清後期成為宮內辦事處。

如意館

壽藥房

敬事房

四執庫
管理皇室冠、袍、帶、履

古董房

珍妃井

乾隆（寧壽宮）花園

鍾粹宮
（明咸陽宮）
咸豐皇帝在皇子時期在居住。
咸豐皇后慈安太后在此居住。
光緒皇后隆裕在此居住。

景陽宮
（明長陽宮、景陽宮）
最冷僻，清代用作藏書（御書房）之用。

慶壽堂
到訪王公女眷臨時居所。

養性殿
與養心殿型制相仿
慈禧太后在寧壽宮曾居住二年，寢宮為樂壽堂（召見使節，軍機大臣），於養性殿用膳。

承乾宮
（明永寧宮）

永和宮
雍正在此出生。
光緒瑾妃在此居住。

暢音閣
宮中最大戲台。

延禧宮
（地處冷僻，失寵妃嬪居所）
蒼震門為太監、役工出入內廷唯一門戶，火災頻生。清代重建最多。宣統元年，隆裕太后斥資百萬企圖修建水晶宮壓火，最後以清室退位收場。

景仁宮
順治十一年（1654）
康熙在此出生。
清末珍妃在此居住。

寧壽宮
明代時為太后宮區。
康熙二十八年（1689）為太后興建。乾隆三十七年（1772），為自己退休擴建。
乾隆之後百年，慈禧太后入住。

蒼震門

毓慶宮
康熙十八年（1679）所建太子寢宮，後為皇子居住學習之處。乾隆曾在此居住，後遷往乾西五所。嘉慶在此度過童年，後遷往乾西五所。光緒亦曾在此讀書。

齋宮
雍正九年（1731）興建，皇帝祭天祈福前三天齋居於此，祭社稷壇及太廟則齋居於養心殿。

奉先殿
祭祖，供奉歷代皇帝、皇后神位。

＊寧壽宮與慈寧宮均為太皇與太后所設，結構各有不同。尤其寧壽宮起造於清代國力最鼎盛的時期，自成軸線，不論建築結構及裝飾技術，至園林佈置都非常突出。

附記：建福宮花園

建福宮花園內延春閣

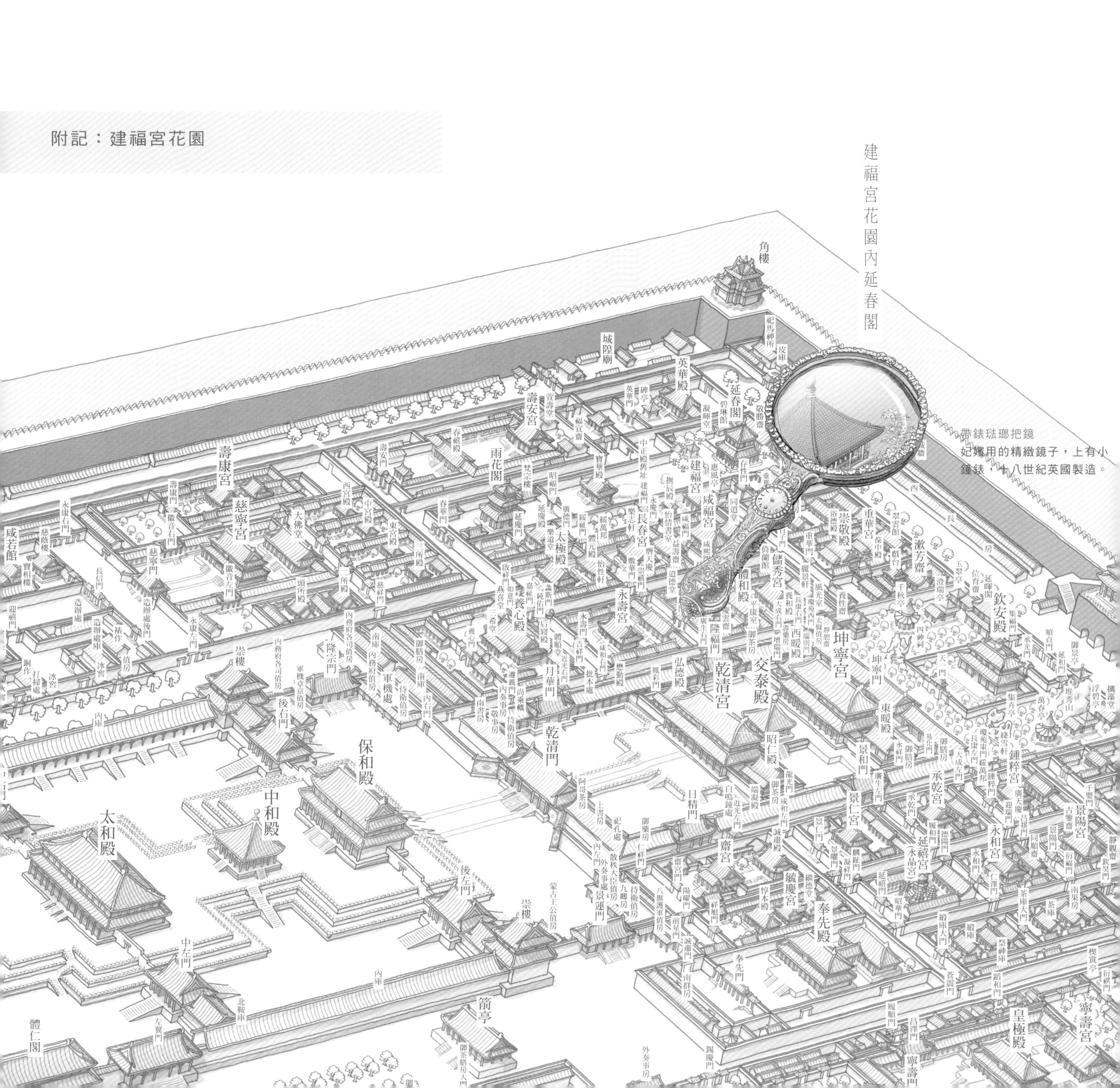

帶錶琺瑯把鏡

妃嬪用的精緻鏡子，上有小鐘錶，十八世紀英國製造。

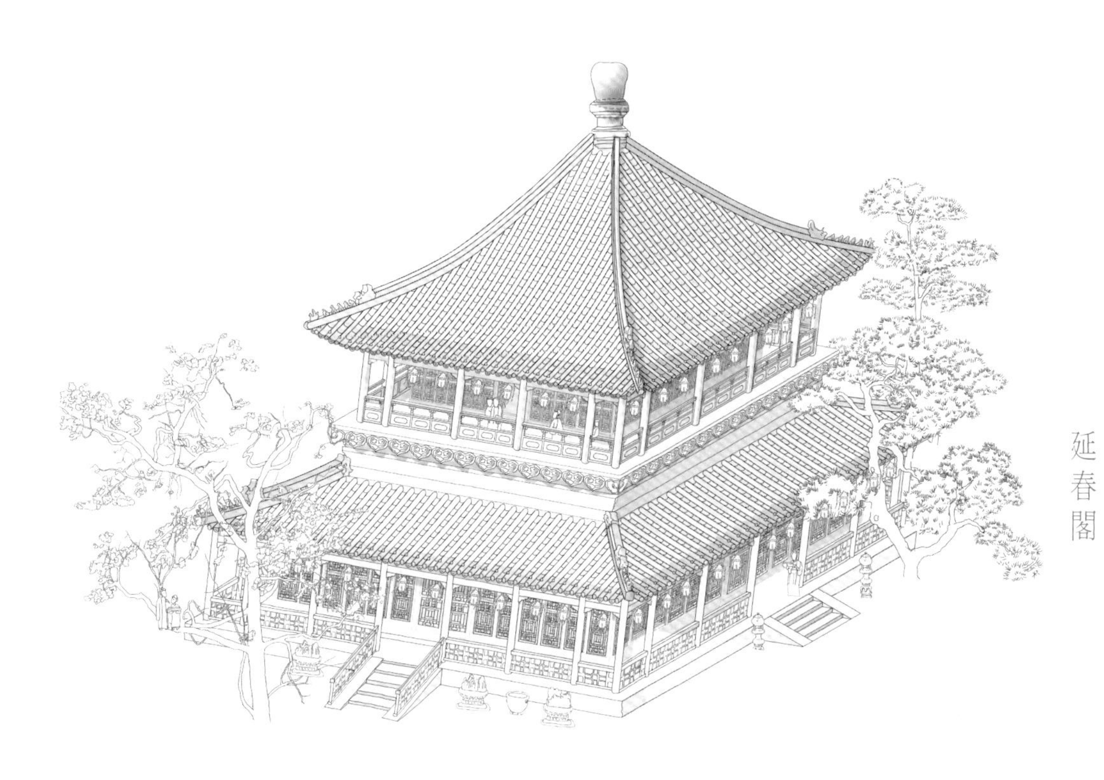

延春閣

建福宮建於乾隆七年(1742),除了供皇帝休憩外,一度是皇宮內最大的珍寶收藏所在。在遜帝溥儀的小朝廷時期毀於大火(1923)。原因據說是佛堂燭火導致,又有說是電線洩漏引起,最戲劇性的說法是太監為怕查點收藏而縱火燒毀證據。無論如何,這個面積僅次於御花園的宮苑便一直荒廢了超過八十年。直至2000年,由「中國文物保護基金會」籌集資金重建。

皇家建設從來都是民間的心血,紫禁城也不例外。重建計畫正式在2001年開始,第一期工程在2005年完成,距離最初興建時已經二百六十三年。從此,東路寧壽宮花園內的符望閣再也不會寂寞地看著西路的一片凋零的荒地。紫禁城的堂正佈局,一興一廢,還是在民間的手上完成。

到底應否在古老的遺址上重新施工?悠悠過去五百年,將來又是五百年,孰新建孰舊有,都已是大紫禁城的一部分了。

寧壽宮花園內符望閣

寧壽宮乾隆花園內的精美石座

後語

- 明代是唐代之後漢族重新統一整個中國的朝代。在文化史上並非最特出；但在工業及工程技術方面，卻是唐宋以後中國建築的第三個黃金期。

- 中國的城市設計佈局到明代初期一直領先其他國家。

- 大標準時代，八股文，工程製作到一塊磚頭都有標準體例。書載明代興建長城，山海關峻工時，工料完全用完，只多出一塊石頭。偏偏多出一塊，比「隨便怎樣也可以報銷」的做法實在很符合中國人的脾性。

- 明代長城工程翻山越嶺，鄭和率領世上最龐大的遠洋艦隊遠渡重洋，明十三陵是地下石造工程的高峰，紫禁城就是歷代木構建築及工程設計的總體示範。

- 紫禁城的中軸線，坐北朝南，是中分都城和時間的子午線，一切最高、最重要的殿宇都是沿著這條軸線興建，一切最龐大、最重要的儀式都是沿著這條軸線進行。

- 北京雖然是永樂帝的根據地，將國家首都開到前線（所謂天子戍邊），氣魄不謂不小。清代入關，農耕民族（明）與鞍馬民族（清）接力經營，長城從此成為幅員更廣闊的國家的「院牆」。罕有地，清代的執政者沒有將前朝宮殿建設摧毀，然後重新興建的政治更替行為。

- 明代開國的皇帝出身草莽，清代皇帝從外入主，都希望很具體地顯示自己的政權是為「天所授」，最具體莫如以傳統制度《周禮》中最高的帝王格式來興建宮殿。這座中國封建王朝最後的宮城也讓我們從未如此接近過那最古老的宮殿原型。

這本小書其實只走了約七分之一的「王者軸線」，從午門到神武門之間大約一公里的距離。上面的集錦想法，都是在遊覽這一公里時所興起的聯想。作為遊客，最深刻的除了一座又一座的宮殿，便是一個又一個的窗*，內裡都是幾個世紀的歷史和物理的昏暗，任憑再多的感想都給鎖在窗牖外。

趙廣超 二〇〇五年七月

*正確點應該是「牖」（在牆為牖，在屋頂為窗）

鳴謝

特別感謝

國家文物局古建築專家組組長、教授級高級工程師羅哲文老先生在事務繁重之餘給我的指導及替本書作序
中國文物研究所高級工程師張之平女士

香港中華書局總編輯翟德芳先生
北京三聯書店副總編輯李昕先生
香港三聯書店執行總編輯陳翠玲小姐
北京一石文化工作室顧問董秀玉女士、總編輯馬健全女士、設計總監陸智昌先生

故宮博物院副研究員羅隨祖先生及趙麗紅女士
中國文物保護基金會丘筱銘小姐、張麗萍小姐
中國文物保護基金會古建築總工程顧問張生同先生
故宮博物院古建修繕中心技術質量科科長吳生茂先生

我在香港理工大學任教時的同事華立強博士、郭恩慈博士
郭照威兄、林荔兒小姐（意念及後期製作）

設計及文化研究工作室各成員：
歐焯申、李宇軒、陳之恆（資料處理）
曾學誠、郭淑玲（製作及構思）
陳漢威、魏忠漢、張志欣、馬健聰（繪圖及電腦技術）
馬健聰君更在繪圖製作之外，在撰寫方面同時給我很大的幫助

二哥廣隆及三哥廣輝在各方面的支持及鼓勵

參考書籍

《中國大百科全書》美術卷一、卷二 修訂版 中國大百科全書出版社 2003
《羅哲文古建築文集》羅哲文著 文物出版社 1998
《傅熹年建築史論文集》傅熹年著 文物出版社 1998
《中國宮殿建築論文集》 故宮博物院學術文庫 于倬雲著 紫禁城出版社 2002
《紫禁城宮殿》于倬雲主編 香港商務印書館 1982
《中國紫禁城學會論文集・第一輯》單士元 于倬雲主編 紫禁城出版社 1997
《中國紫禁城學會論文集・第二輯》于倬雲 朱誠如主編 紫禁城出版社 2002
《中國紫禁城學會論文集・第三輯》于倬雲 朱誠如主編 紫禁城出版社 2004
《中國宮殿建築》樓慶西著 藝術家出版社 1994
《舊都文物略》臺灣國立故宮博物院印行 1974
《清稗類鈔》（清）徐珂編撰 北京中華書局 1984
《我在故宮七十年》單士元著 北京師範大學出版社 1997
《不只中國木建築》趙廣超著 香港三聯書店 2000

趙廣超 生於香港，早年留學法國，
1990年代回港從事藝術、設計教育工作。
2001年成立設計及文化研究工作室。
故宮文化研發小組總監。
中國美術學院．中國文化設計研究所副所長。
物事研究實驗室主持人。
曾任2010年上海世博局中國國家館
「城市發展中的中華智慧」研討會顧問及
「智慧長河」展項展示深化設計專家顧問。
中國中央電視台CCTV9紀錄頻道《故宮100》
百集紀錄片藝術顧問。
木作坊中國傳統家具研究及發展顧問。
頤新文化教育推廣顧問。

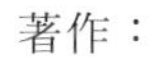

著作：

《不只中國木建築》
《筆紙中國畫》
《筆記清明上河圖》
《大紫禁城——王者的軸線》
《國家藝術．一章木椅》
《國家藝術．十二美人》
《紫禁城宮廷情調地圖》
《我的家在紫禁城》系列叢書
《紫禁城100》

譯作：

《遊山十日記》（*Ten days in the Mountains*）Dr. Eric Wear，
香港漢雅軒出版